『小学保健ニュース』から生まれた

パワーポイント素材集

DVD-ROM 付き

はじめに

　少年写真新聞社で、子どもたちの健康を願い『保健ニュース』を掲示用写真ニュースとして発刊したのが1968年（昭和43年）です。そこから約20年後の1981年（昭和56年）に、新たに小学生に対象を絞った『小学保健ニュース』が生まれました。

　『小学保健ニュース』が生まれてから約40年がたち、現在、ニュースの制作環境や技術などが大きく進化しました。特にここ15年くらいの間で、カメラがフィルムカメラからデジタルカメラへと移行し、文章や写真のデータをまとめた「版下」も、社内で作ることができるようになって、『小学保健ニュース』のデータのアーカイブを社内にそのまま残せるようになりました。

　なお、『小学保健ニュース』も含めた弊社の掲示用写真ニュースは、一部の写真を除いて、一度掲載した写真やイラストを再び載せることはせずに、常に新たに写真を撮影し、イラストを描き起こしています。そのため、どんなに良い写真、イラストであっても、一度掲載した後は、社内にデータとして残っているだけになっています。

　一方、現在、学校ではICTの活用が進められていて、保健指導などでパワーポイントを使用する機会も増えています。その中で、過去に『小学保健ニュース』で使用した写真やイラストの素材を活用することができるのではないかと考え、本書は生まれました。

　肖像権などの関係上、子どもの写真や症例写真などをパワーポイントのデータとして使用することはできないため、内容に限りがありますが、肖像権が発生しない実験などの写真やイラストを多数収録しています。保健指導などの一助になれば幸いです。

『小学保健ニュース』編集部

本書を使う前に

　本書では、過去（2008〜2023年）に弊社で発行した『小学保健ニュース』に掲載した写真やイラストからパワーポイントとして使用可能なものを選び、実際に写真やイラストが掲載された紙面から文章を引用または参考にして、シナリオを作成し、パワーポイントの教材にして、DVD-ROMに収録しています。

　収録したパワーポイントでは、『小学保健ニュース』で採用している漢字表記（原則は小学6年生までに習う漢字）にふりがなをつけ、内容に応じて1〜11枚のスライドにしています。使用した紙面は、制作時に監修者の医師や大学の先生などの指導のもとで作成した文章に基づいたものを載せていますが、子どもたちの発達段階や学校の実態に合わせて、文章を書きかえることもでき、収録したパワーポイント教材を組み合わせたり、自作のパワーポイント教材に加えたりする形で利用することもできます。

　また、収録されているパワーポイントにつきましては、恐れ入りますが、使用に際し、下記のような制限をいたします。

　なお、収録しているパワーポイントに掲載した写真やイラストにつきましては、『小学保健ニュース』掲載時のものを改変せずにそのまま使用しているため、服装やメディア機器などの表現は、現在では少し古くなっている場合もあります。

　また、パワーポイントに記載した文章やシナリオ（パワーポイント内のノートに記載した文章）の中で、紙面制作時と状況が変化しているものにつきましては、当時の紙面の内容と一部変えているものもあります。

ページ構成・本書の使い方

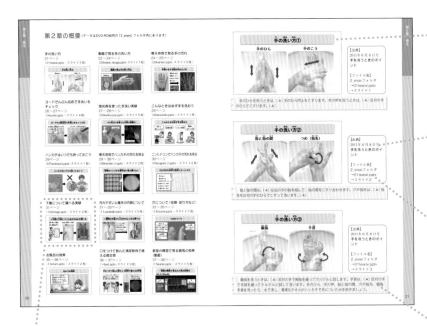

DVD-ROMに収録している実際のスライドです。

イラストや写真などの出典として、過去に掲載した『小学保健ニュース』の掲載号とタイトルを記載しています。

DVD-ROM内のファイル名と何枚目のスライドに掲載されているかを表示しています。

指導時などに「シナリオ」として使用できるスライドの説明や補足です（詳細は5ページをご覧ください）。

各章の冒頭に、その章に収録されているパワーポイントのファイル（概要、本書での掲載ページ、ファイル名、スライドの枚数）を、一覧できるようにしています。

※ひとつのパワーポイントのファイルの中の、最初のスライドのみを掲載しており、概要として記載したものとスライドのタイトルが異なっている場合もあります。

　右記のようにスライドの横に「☆」印がついているものは、スライドに入っているイラストや写真の一部のみを表示しています。DVD-ROMに収録されているスライドでは、アニメーションが展開される中で、下の画像のように、本書には掲載されていないイラストや写真・文章が表示されたり、消えたりします。

クリック

シナリオについて

　すべてのスライドに、内容の説明や補足を加えた「シナリオ」を掲載しています。シナリオは、写真やイラストを使用した『小学保健ニュース』に掲載されていた文章を引用・参考にして作成しています。話し言葉で作成しているので、スライドを使用する際の参考にするだけではなく、実際の授業などでそのままお使いいただけます。

　DVD-ROM に収録されているデータでは、パワーポイントの「ノート」の部分にシナリオを掲載しています。パワーポイントを見ながらシナリオを変更したり、シナリオを見ながらパワーポイントの動きなどを変更したりすることができます。

パワーポイント授業案について

　パワーポイントは、変更や保存が容易にでき、アニメーションなどで効果をつけることもできます。作成したスライドは掲示物などにも利用できるというメリットもあります。

　パワーポイントを初めて使う方の場合は、そのままお使いいただけます。パワーポイント経験者の場合は、データをご自由に追加・変更したり、自作のスライドと組み合わせたりして、より学校や子どもたちの実態に合った内容にしてお使いいただくことができます。

パワーポイントページ見本

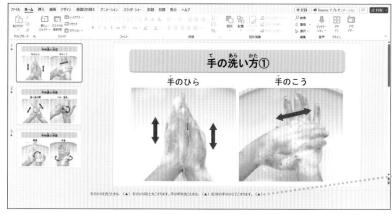

ノート部分にシナリオのデータが入っています（DVD-ROM 内）。

動画について

　シナリオ展開例内に「（▶）」と書かれているものは、右の図のような動画が入っているスライドです。動画の内側をクリックすると再生されますので、シナリオの（▶）に合わせてクリックしてください（停止も動画の内側をクリックします）。動画の外側をクリックすると、次のスライド（次のアニメーション）に移行します。

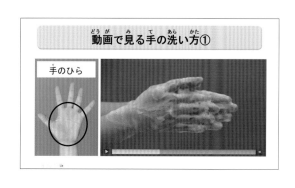

※パワーポイント のバージョンによって、動画が再生されない場合もあります。また、音声は入っていません。

目　次

第1章　健康診断

第2章　衛生（手洗い・衣服の衛生・換気など）

付属DVD-ROMの構成

■ファイル、フォルダの構成
1_kenshin
2_eisei
3_seikatsu
4_seitokokoro
5_kega
6_byouki
7_yakubutsu
8_karada
read_me.pdf

■ご使用にあたっての注意
DVD-ROMが入った袋を開封しますと、以下の内容を了承したものと判断させていただきます。

【動作環境】
・DVD-ROMの読み込みができるドライブ必須。
・Microsoft PowerpointまたはPowerpoint for Mac（拡張子が〜 .pptx）のファイルを開くことができる
ソフトウェアがパソコンなどにインストールされていること。

【ご使用上の注意】
・OSやアプリケーションと、そのバージョン、使用フォントなどによって、レイアウトがくずれたり、
うまく動作しなかったりすることがありますが、仕様ですのでご了承ください。ご使用の環境に合わ
せて修正してください。
・このDVD-ROMを音楽用DVDビデオプレーヤーなどで使用すると、機器に故障が発生する恐れがあり
ます。パソコン用の機器以外では使用しないでください。
・DVD-ROM内のデータ、あるいはプログラムによって引き起こされた問題や損失に対しては、弊社は
いかなる補償もいたしません。本製品の製造上での欠陥につきましてはお取りかえいたしますが、そ
れ以外の要求には応じられません。
・図書館でのDVD-ROMの貸し出しは禁止させていただきます。

PowerPoint は Microsoft Corporation の米国その他の国における登録商標または商標です。
Mac は米国やその他の国で登録された Apple Inc. の登録商標または商標です。

第1章

健康診断

　第1章では、『小学保健ニュース』で特集した、眼科検診や視力検査、尿検査などをパワーポイントのスライドにしています。

　また、運動器検診が始まった際に特集した紙面の内容も、スライドに入れています。

  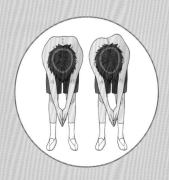

第1章の概要 （データはDVD-ROM内の「1_kensin」フォルダ内にあります）

健康診断で学校医・学校歯科医
が使う道具
12ページ
（01kenshin.pptx・スライド1枚）

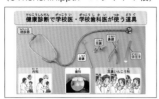

眼科検診
13ページ
（02ganka.pptx・スライド3枚）

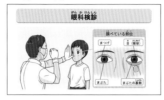

視力検査
14ページ
（03shiryoku.pptx・スライド3枚）

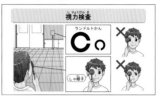

ぼやけて見えている状態のまま
でいると
15ページ
（04boyake.pptx・スライド1枚）

尿検査のやり方
15～16ページ
（05nyokensa.pptx・スライド4枚）

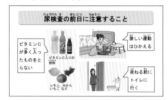

おしっこ（腎臓）の役割
16～17ページ
（06oshikko.pptx・スライド3枚）

運動器検診
17～18ページ
（07undoki.pptx・スライド4枚）

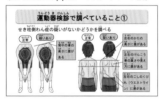

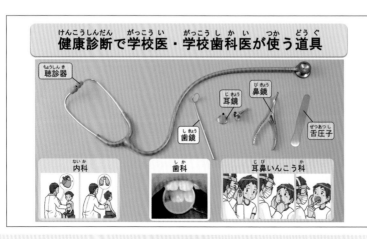

【出典】
2014年4月8日号
健康診断で使われて
いるさまざまな器具

【ファイル名】
1_kenshinフォルダ
→01kenshin.pptx
→スライド1

内科検診では、（▲）聴診器で心臓の音や肺の呼吸する音を聞いて、体の中の健康状態を調べ、
歯科検診では、（▲）歯鏡で歯を裏側の状態まで調べます。耳鼻咽喉科検診では、（▲）耳鏡で耳の奥、
鼻鏡で鼻の穴の奥の状態を調べ、舌圧子で舌を押さえて、喉の状態も調べます。

眼科検診

調べている部位

まつげ
目（眼球）
まぶた
まぶたの裏側

【出典】
2023年3月8日号
眼科健診で調べていること

【ファイル名】
1_kenshinフォルダ
→02ganka.pptx
→スライド1

　眼科検診では、眼科の先生がペンライトなどを使って、目や目の周囲の健康状態を調べます。（▲）

眼科検診の目的① 眼位・目の動きを調べる

正面を見ているときの正常な眼位（黒目の位置）

眼位に異常がある（しゃ視）の場合

 内しゃ視
 外しゃ視

 上しゃ視
 下しゃ視

【出典】
2023年3月8日号
眼科健診で調べていること

【ファイル名】
1_kenshinフォルダ
→02ganka.pptx
→スライド2

　眼科検診では、黒目が内側や外側、上や下を向いた状態（斜視）になっていないかどうかや目の動きが正常かどうかを調べます。（▲）

眼科検診の目的② 目の病気の有無を調べる

結まく炎
かゆみ、なみだが出る、じゅう血

麦りゅうしゅ、さんりゅうしゅ
まぶたがはれる

 内反症

 眼けん炎

まつげが目の中に入り、目を傷つける
目の周囲に痛みやかゆみが出る

【出典】
2023年3月8日号
眼科健診で調べていること

【ファイル名】
1_kenshinフォルダ
→02ganka.pptx
→スライド3

　ウイルスや細菌、アレルギーなどによる結膜炎や、（▲）「さかまつげ」とも呼ばれる内反症、（▲）麦粒腫やさん粒腫、（▲）眼けん炎などの病気になっていないかどうかも調べます。

【出典】
2023年3月8日号
視力検査の受け方

【ファイル名】
1_kenshinフォルダ
→03shiryoku.pptx
→スライド1

　視力検査では、離れたところにある（▲）ランドルト環がはっきりと見えるかどうかで検査をします。その際に、（▲）遮眼子などで片方の目をふさぎ、もう片方の目で検査をします。（▲）遮眼子をずらしたり、（▲）目を細めたりして見てはいけません。（▲）

【出典】
2023年3月8日号
視力検査の受け方

【ファイル名】
1_kenshinフォルダ
→03shiryoku.pptx
→スライド2

　円の切れ目が見えるときは、先生の指示に従い、（▲）その方向を指すか、口で答えます。（▲）ランドルト環がぼやけて見えて、切れ目がわからないときは、（▲）無理に見ようとせずに、（▲）「わかりません」と答えます。（▲）

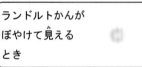

【出典】
2023年3月8日号
視力検査の受け方
2016年10月8日号
黒板の文字がぼやけて見えたら「眼鏡」をかけよう

【ファイル名】
1_kenshinフォルダ
→03shiryoku.pptx
→スライド3

　視力検査では、視力によって、（▲）A、（▲）B、（▲）C、（▲）Dの4つで判定されます。（▲）B・C・Dの判定の場合は、眼科に行って詳しい検査を受ける必要があります。

ぼやけて見えている状態のままでいると

ぼやけて見えている

正しい文字

【出典】
2009年8月28日号
黒板の文字がきちんと見えていますか？

【ファイル名】
1_kenshinフォルダ
→04boyake.pptx
→スライド1

　黒板の文字が、（▲）ぼやけて見えていたら、（▲）頭の中でもぼやけたままになるため、きちんと内容が覚えられません。また、（▲）黒板の文字をノートに書くときに前かがみになり、姿勢も悪くなります。

尿検査の前日に注意すること

ビタミンCが多く入ったものをとらない

ビタミンC入りの飲料

レモン、みかんいちご など

激しい運動はひかえる

夜ねる前にトイレに行く

【出典】
2023年4月8日号
正しい尿検査のやり方を覚えよう

【ファイル名】
1_kenshinフォルダ
→05nyokensa.pptx
→スライド1

　検査結果を正しく出すために、尿検査の前日は、（▲）ビタミンCが多く入ったものをとらずに、（▲）激しい運動も控えます。また、（▲）夜寝る前にトイレに行って尿を出してから、翌日に検査を行いましょう。（▲）

尿検査のやり方①

朝起きて最初に行くトイレで尿をとる

尿を少し出す

採尿コップで尿をとる

採尿コップ

【出典】
2023年4月8日号
正しい尿検査のやり方を覚えよう

【ファイル名】
1_kenshinフォルダ
→05nyokensa.pptx
→スライド2

　尿検査は、（▲）朝起きて最初に行くトイレで出す尿で検査をします。最初に出る尿は汚れているため、（▲）まず尿を少し出してから、（▲）採尿コップに入れます。（▲）

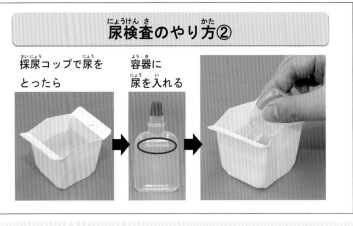

尿検査のやり方②

採尿コップで尿を
とったら

容器に
尿を入れる

【出典】
2023年4月8日号
正しい尿検査のやり
方を覚えよう

【ファイル名】
1_kenshinフォルダ
→05nyokensa.pptx
→スライド3

採尿コップで尿をとったら（▲）容器に入れます。容器にある（▲）線まで入れましょう。（▲）
まず、容器を押しつぶして、採尿コップから尿を吸い上げます。容器にある線まで尿が入らない
ときは、入れた尿があふれる手前まで容器を軽く押して、再び吸い上げると線まで入ります。（▲）

尿検査のやり方③

尿を容器の中に入れたら
ふたをしっかりと閉める

ふくろの中に
入れる

手をすみずみ
まで洗う

【出典】
2023年4月8日号
正しい尿検査のやり
方を覚えよう

【ファイル名】
1_kenshinフォルダ
→05nyokensa.pptx
→スライド4

尿を容器の中に入れたら、（▲）ふたをしっかりと閉めて、（▲）袋の中に入れます。袋には事前
に氏名などを書いておきましょう。袋に入れたら、採尿コップを捨てて（▲）石けんで手を洗いま
しょう。

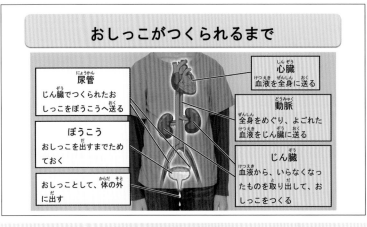

おしっこがつくられるまで

尿管
じん臓でつくられたお
しっこをぼうこうへ送る

ぼうこう
おしっこを出すまでため
ておく

おしっことして、体の外
に出す

心臓
血液を全身に送る

動脈
全身をめぐり、よごれた
血液をじん臓に送る

じん臓
血液から、いらなくなっ
たものを取り出して、お
しっこをつくる

【出典】
2017年4月18日号
体にとって大切な、
おしっこ(尿)の"秘密"
を探ろう

【ファイル名】
1_kenshinフォルダ
→06oshikko.pptx
→スライド1

おしっこは、（▲）心臓から（▲）動脈を通じて、（▲）腎臓に送られた血液から、体にいらなくなっ
たものや余分な水分を取り出してつくられたものです。おしっこは（▲）尿管を通じて、（▲）ぼ
うこうにためられた後で、（▲）体の外に出されます。（▲）

じん臓がいらないものを取り出す仕組み

じん臓の断面

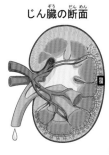

血管

糸球体

いらなくなったもの（おしっこになる）

【出典】
2017年4月18日号
体にとって大切な、
おしっこ(尿)の"秘密"
を探ろう

【ファイル名】
1_kenshinフォルダ
→06oshikko.pptx
→スライド2

腎臓の断面の（▲）一部を（▲）拡大し、さらに（▲）その一部を（▲）拡大して見てみます。（▲）「糸球体」という毛糸玉のようになった血管があり、（▲）体にいらないものと、（▲）血管に送るきれいな血液とを分けています。糸球体はひとつの腎臓に約160万個あります。（▲）

おしっこの役割

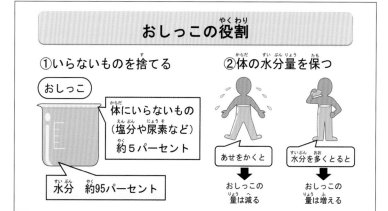

①いらないものを捨てる

おしっこ

体にいらないもの（塩分や尿素など）約5パーセント

水分　約95パーセント

②体の水分量を保つ

あせをかくと → おしっこの量は減る

水分を多くとると → おしっこの量は増える

【出典】
2017年4月18日号
体にとって大切な、
おしっこ(尿)の"秘密"
を探ろう

【ファイル名】
1_kenshinフォルダ
→06oshikko.pptx
→スライド3

おしっこは、（▲）血液が運んできた体にとっていらないものを体の外に出し、（▲）体の水分量を保てるように、汗をかいたときや（▲）水分を多くとったときなどに出すおしっこの量を調節しています。

運動器検診で調べていること①

せき柱側わん症の疑いがないかどうかを調べる

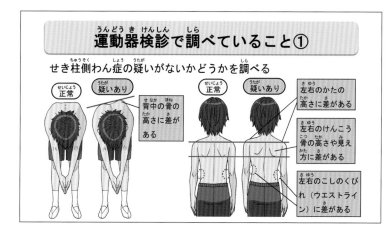

正常　疑いあり　背中の骨の高さに差がある

正常　疑いあり

左右のかたの高さに差がある

左右のけんこう骨の高さや見え方に差がある

左右のこしのくびれ（ウエストライン）に差がある

【出典】
2020年1月8日号
運動器検診で調べて
いること（1）

【ファイル名】
1_kenshinフォルダ
→07undoki.pptx
→スライド1

運動器検診では、脊柱側わん症の疑いがないかどうか、（▲）前屈をしたときの（▲）背中の骨の高さの左右の差や、（▲）まっすぐに立って背中側から見たときの、（▲）肩の高さや肩甲骨の高さや見え方、腰のくびれの左右の差を調べます。（▲）

運動器検診で調べていること②

立ったときや歩いた
ときの姿勢を調べる

こしの状態を調べる

【出典】
2020年1月8日号
運動器検診で調べて
いること（1）
2020年3月8日号
運動器検診で調べて
いること（2）

【ファイル名】
1_kenshinフォルダ
→07undoki.pptx
→スライド2

　運動器検診では、立ったときや歩いたときの姿勢や、（▲）前屈や上体を反らしたときに、腰に
痛みが出たり動かしづらかったりしないかどうかも調べます。（▲）

運動器検診で調べていること③

かた・ひじ・うでの
状態を調べる

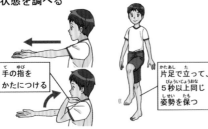

手の指を
かたにつける

体のバランスを調べる

片足で立って、
5秒以上同じ
姿勢を保つ

太もも・ひざ・足の
状態を調べる

うでをまっすぐ
前にのばす

両足をしっかり
と地面につける

【出典】
2020年3月8日号
運動器検診で調べて
いること（2）

【ファイル名】
1_kenshinフォルダ
→07undoki.pptx
→スライド3

　腕をまっすぐに伸ばしたり、肩に手の指をつけたりしたとき、痛みが出たり、動かしづらかっ
たりしないかどうかも調べます。（▲）さらに、片足で立ったときに、上半身のバランスを崩すこ
となく立ち続けられるかどうかや、（▲）しゃがんだときに、太ももや膝などに痛みが出ずにバラ
ンスを保つことができるかどうかを調べます。（▲）

運動器がきちんと働いていないと……

・転んだときに、手をついたり、支え
たりできずに、顔面を強打する
・しゃがんだ姿勢を保てずに、転倒
する　など

【出典】
2016年3月8日号
子どもの「運動器」の
チェック

【ファイル名】
1_kenshinフォルダ
→07undoki.pptx
→スライド4

　運動器がきちんと働いていないと、転んだときに手をついたり、支えたりできずに顔面を強打
しやすくなり、しゃがんだ姿勢を保てずに、転倒しやすくなるため、顔などに大けがをする原因
になります。

第2章

衛生
（手洗い・衣服の衛生・換気など）

　第2章では、手や衣服などの衛生をテーマに、養護教諭の先生の関心が高い保健実験から、寒天培地やニンヒドリンを用いた実験など、実験結果がわかりやすく出るものを厳選してパワーポイントのスライドにしています。

　また、手洗いや換気のポイントについて、『小学保健ニュース』で二次元コードを介して紹介した動画も、スライドに入れています。

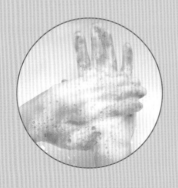

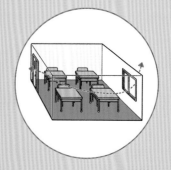

第2章の概要 （データはDVD-ROM内の「2_eisei」フォルダ内にあります）

手の洗い方
21ページ
（01tearai.pptx・スライド3枚）

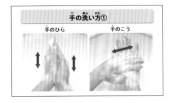

動画で見る手の洗い方
22～24ページ
（02tearai_douga.pptx・スライド7枚）

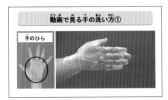

寒天培地で見る手の汚れ
24～25ページ
（03kanten.pptx・スライド5枚）

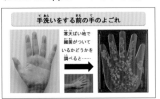

ヨードでん粉反応で手洗いをチェック
26～27ページ
（04yodo.pptx・スライド4枚）

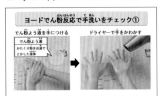

蛍光剤を使った手洗い実験
27～28ページ
（05keikouzai.pptx・スライド5枚）

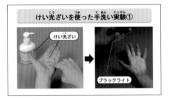

こんなときは必ず手を洗おう
29ページ
（06arautoki.pptx・スライド1枚）

ハンカチはいつでも持っておこう
29ページ
（07hankachi.pptx・スライド1枚）

寒天培地でハンカチの汚れを見る
29～30ページ
（08kanten_h.pptx・スライド2枚）

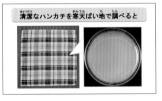

ニンヒドリンでハンカチの汚れを見る
30ページ
（09yogore_h.pptx・スライド2枚）

下着について調べる実験
31ページ
（10shitagi.pptx・スライド2枚）

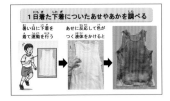

汚れやすい上履きの内側について
31～33ページ
（11uwabaki.pptx・スライド5枚）

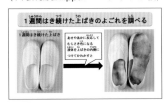

爪について（役割・切り方など）
33～35ページ
（12tsume.pptx・スライド7枚）

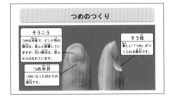

お風呂の効果
35～36ページ
（13ofuro.pptx・スライド2枚）

口をつけて飲んだ清涼飲料で増える微生物
36～37ページ
（14pet.pptx・スライド3枚）

教室の模型で見る換気の効果（動画）
37～38ページ
（15kanki.pptx・スライド5枚）

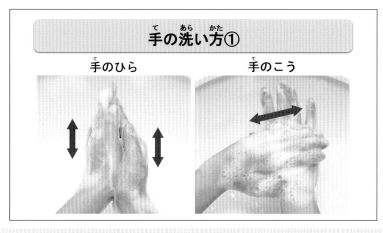

【出典】
2011年6月8日号
手を洗うときのポイント

【ファイル名】
2_eiseiフォルダ
→01tearai.pptx
→スライド1

手のひらを洗うときは、（▲）手のひら同士をこすります。手の甲を洗うときは、（▲）反対の手のひらでこすります。（▲）

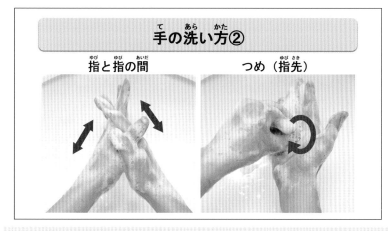

【出典】
2011年6月8日号
手を洗うときのポイント

【ファイル名】
2_eiseiフォルダ
→01tearai.pptx
→スライド2

指と指の間は、（▲）左右の手の指を組んで、指の間をこすり合わせます。爪や指先は、（▲）指先を反対の手のひらでこすって洗います。（▲）

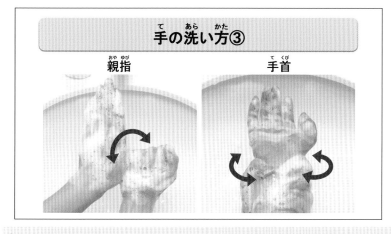

【出典】
2011年6月8日号
手を洗うときのポイント

【ファイル名】
2_eiseiフォルダ
→01tearai.pptx
→スライド3

親指を洗うときは、（▲）反対の手で親指を握ってクルクルと回します。手首は、（▲）反対の手で手首を握ってクルクルと回して洗います。手のひら、手の甲、指と指の間、爪や指先、親指、手首を洗ったら、水で流し、清潔なタオルかハンカチで手についた水を拭きましょう。

動画で見る手の洗い方①

手のひら

【出典】
2022年6月8日号
感染症を予防するため
の正しい手の洗い方

【ファイル名】
2_eiseiフォルダ
→02tearai_douga.
pptx→スライド1

まず、手を水でぬらし、石けんをつけて、（▶）手のひらをこすって洗います。（▲）

※動画を（▶）で再生してください。

動画で見る手の洗い方②

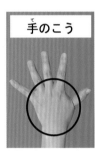

手のこう

【出典】
2022年6月8日号
感染症を予防するため
の正しい手の洗い方

【ファイル名】
2_eiseiフォルダ
→02tearai_douga.
pptx→スライド2

（▶）手の甲をこすって洗います。反対の手の甲もこすって洗いましょう。（▲）

※動画を（▶）で再生してください。

動画で見る手の洗い方③

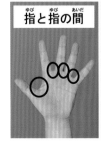

指と指の間

【出典】
2022年6月8日号
感染症を予防するため
の正しい手の洗い方

【ファイル名】
2_eiseiフォルダ
→02tearai_douga.
pptx→スライド3

（▶）指と指の間をこすって洗います。（▲）

※動画を（▶）で再生してください。

動画で見る手の洗い方④

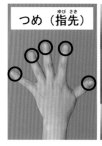

つめ（指先）

【出典】
2022年6月8日号
感染症を予防するための正しい手の洗い方

【ファイル名】
2_eiseiフォルダ
→02tearai_douga.
pptx→スライド4

（▶）爪や指先は、反対の手のひらの上でかき回して洗います。反対の手の爪や指先も同じように洗いましょう。（▲）

※動画を（▶）で再生してください。

動画で見る手の洗い方⑤

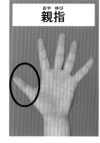

親指

【出典】
2022年6月8日号
感染症を予防するための正しい手の洗い方

【ファイル名】
2_eiseiフォルダ
→02tearai_douga.
pptx→スライド5

（▶）親指は、反対の手で握り、回すようにして洗います。反対の手の親指も同じように洗いましょう。（▲）

※動画を（▶）で再生してください。

動画で見る手の洗い方⑥

手首

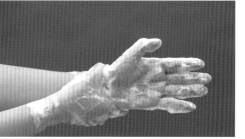

【出典】
2022年6月8日号
感染症を予防するための正しい手の洗い方

【ファイル名】
2_eiseiフォルダ
→02tearai_douga.
pptx→スライド6

（▶）手首も、反対の手で握り、回すようにして洗います。反対の手の親指も同じように洗いましょう。（▲）

※動画を（▶）で再生してください。

手をすみずみまで洗ったら

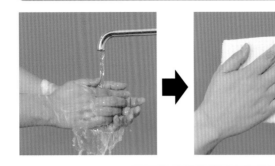

【出典】
2022年6月8日号
感染症を予防するため
の正しい手の洗い方

【ファイル名】
2_eiseiフォルダ
→02tearai_douga.
pptx→スライド7

手をすみずみまで洗ったら、（▲）手についた石けんを流し、（▲）清潔なハンカチで水気を拭き取ります。

手洗いをする前の手のよごれ

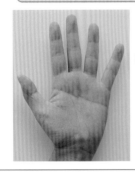
寒天ばい地で
細菌がついて
いるかどうかを
調べると……

【出典】
2015年11月18日号
手洗いとアルコール
消毒の効果

【ファイル名】
2_eiseiフォルダ
→03kanten.pptx
→スライド1

目には見えなくても、（▲）手についた細菌を目で見ることができる「寒天培地」で調べてみると、（▲）手にはたくさんの細菌がついていました。（▲）

石けんを使って手をすみずみまで洗うと

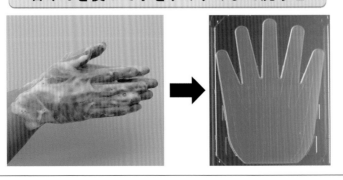

【出典】
2015年11月18日号
手洗いとアルコール
消毒の効果

【ファイル名】
2_eiseiフォルダ
→03kanten.pptx
→スライド2

石けんですみずみまで洗った手を調べると、（▲）細菌はほとんどついていませんでした。（▲）

アルコール入りの消毒液をつけると

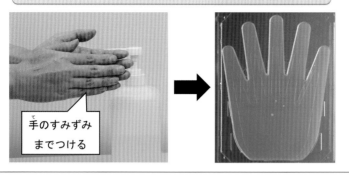

手のすみずみまでつける

【出典】
2015年11月18日号
手洗いとアルコール
消毒の効果

【ファイル名】
2_eiseiフォルダ
→03kanten.pptx
→スライド3

　また、アルコール入りの消毒液を手のすみずみまでつけたときも、(▲) 細菌はほとんどついていませんでした。(▲)

石けんによる手洗いとアルコール消毒のちがい

石けんによる手洗いの効果

細菌・ウイルスなどをはがして落とす

アルコール消毒の効果

・細菌を殺す
・ウイルスの感染をなくす

【出典】
2015年11月18日号
手洗いとアルコール
消毒の効果

【ファイル名】
2_eiseiフォルダ
→03kanten.pptx
→スライド4

　石けんは細菌やウイルスなどを手からはがして落とします。(▲)アルコールは細菌を殺したり、インフルエンザウイルスやコロナウイルスなどの感染をなくしたりする効果があります。ただし、胃腸炎を起こすノロウイルスやロタウイルスには効果がありません。(▲)

「水だけ」・「さっとつける」だけだと

水だけで洗ったとき

アルコールをさっとつけただけのとき

【出典】
2015年11月18日号
手洗いとアルコール
消毒の効果

【ファイル名】
2_eiseiフォルダ
→03kanten.pptx
→スライド5

　水だけで洗ったり、さっとアルコールをつけたりしただけでは、細菌やウイルスの感染に対する予防効果は不十分です。

ヨードでん粉反応で手洗いをチェック①

でん粉よう液を手につける

でん粉よう液
かたくり粉をお湯でとかした液体

ドライヤーで手をかわかす

【出典】
2020年6月28日号
"ヨードでん粉反応"
で見る正しい手洗い
の効果

【ファイル名】
2_eisei フォルダ
→04yodo.pptx
→スライド1

まず、汚れに見立てたでん粉溶液を手にまんべんなくつけて、(▲) ドライヤーで乾かします。(▲)

ヨードでん粉反応で手洗いをチェック②

手を水でさっと洗う

ヨード液に手をひたす

ヨード液

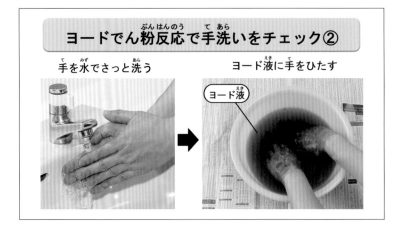

【出典】
2020年6月28日号
"ヨードでん粉反応"
で見る正しい手洗い
の効果

【ファイル名】
2_eisei フォルダ
→04yodo.pptx
→スライド2

でん粉溶液をつけた手を、水で10秒程度さっと洗い、(▲) ヨード液に浸します。(▲)

ヨードでん粉反応で手洗いをチェック③

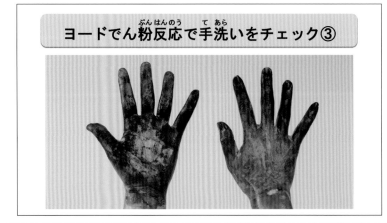

【出典】
2020年6月28日号
"ヨードでん粉反応"
で見る正しい手洗い
の効果

【ファイル名】
2_eisei フォルダ
→04yodo.pptx
→スライド3

ヨード液に浸すと、手に残ったでん粉が青紫色に染まっています。これは、手を水でさっと洗っただけでは、汚れがさまざまな部分に残ってしまうことを示しています。(▲)

ヨードでん粉反応で手洗いをチェック④

石けんを使い、手をすみずみまで洗って、ヨード液にひたすと……

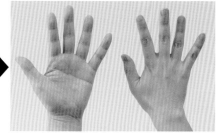

【出典】
2020年6月28日号
"ヨードでん粉反応"
で見る正しい手洗い
の効果

【ファイル名】
2_eiseiフォルダ
→04yodo.pptx
→スライド4

　同様に、でん粉溶液をつけて乾かした手を、今度は、石けんを使って手をすみずみまで洗い、ヨード液に浸します。（▲）すると、青紫色に染まった部分がほとんどなく、汚れに見立てたでん粉が落ちているのがわかります。

けい光ざいを使った手洗い実験①

けい光ざい

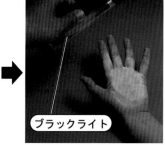
ブラックライト

【出典】
2014年6月8日号
「けい光ざい」でわか
る手の洗い残し

【ファイル名】
2_eiseiフォルダ
→05keikouzai.pptx
→スライド1

　蛍光剤は手のひらで塗り広げると、見た目は透明になりますが、（▲）「ブラックライト」という特殊な光を当てると、青白く光ります。（▲）

けい光ざいを使った手洗い実験②

けい光ざいを手につけて、水でさっと手を洗うと……

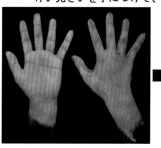

【出典】
2014年6月8日号
「けい光ざい」でわか
る手の洗い残し

【ファイル名】
2_eiseiフォルダ
→05keikouzai.pptx
→スライド2

　蛍光剤を手の汚れに見立てて、手にまんべんなくつけた後、（▲）水で10秒程度さっと手を洗います。（▲）

けい光ざいを使った手洗い実験③

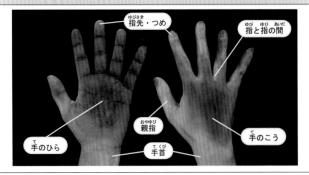

【出典】
2014年6月8日号
「けい光ざい」でわかる手の洗い残し

【ファイル名】
2_eiseiフォルダ
→05keikouzai.pptx
→スライド3

さっと手を洗った後、ブラックライトをを当てると、手の汚れに見立てた蛍光剤のうち、（▲）手のひらや甲の一部は落ちていますが、多くの部分が残っていました。実際の汚れも同様に、さっと手を洗っただけでは落ちません。（▲）

けい光ざいを使った手洗い実験④

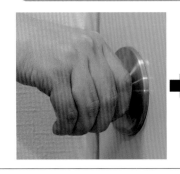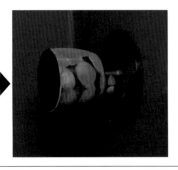

【出典】
2014年6月8日号
「けい光ざい」でわかる手の洗い残し

【ファイル名】
2_eiseiフォルダ
→05keikouzai.pptx
→スライド4

汚れに見立てた蛍光剤が手に残ったままドアノブを触ると、（▲）手についていた蛍光剤がドアノブに移ります。実際の手の汚れも、ドアノブなどのほかのものに移り、さらにそこからほかの人の手に移ることもあります。（▲）

けい光ざいを使った手洗い実験⑤

けい光ざいが残った手でさまざまなものにさわると

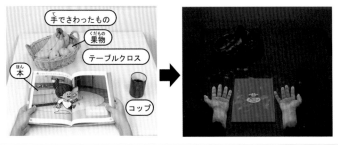

【出典】
2018年1月8日号
けい光ざいで見る"ばい菌"の広がり

【ファイル名】
2_eiseiフォルダ
→05keikouzai.pptx
→スライド5

汚れに見立てた蛍光剤が残った手で、さまざまなものに触ったところ、（▲）蛍光剤が手から移っていました。実際の汚れの中には、ばい菌（細菌やウイルス）が入っていて、触ったものへと移り、さらにそのばい菌がついたものに触れた人が、ばい菌に感染して、病気になってしまうこともあります。

こんなときは必ず手を洗おう

外から帰ったとき	食事の前	トイレの後	動物にさわった後

【出典】
2012年5月8日号
手にはどれくらいの細菌がついている?

【ファイル名】
2_eiseiフォルダ
→06arautoki.pptx
→スライド1

　いろいろなものに触れることの多い外から帰った後や、(▲) 手から細菌やウイルスが口の中に入りやすい食事の前などに、手を洗う必要があります。ほかにも、(▲) トイレの後、動物に触った後、くしゃみを手でおさえたときや鼻をかんだ後も手を洗いましょう。

ハンカチはいつでも持っておこう

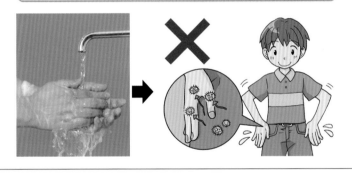

【出典】
2010年6月8日号
数日間使い続けたハンカチのよごれ

【ファイル名】
2_eiseiフォルダ
→07hankachi.pptx
→スライド1

　せっかく手を石けんですみずみまで洗っても、(▲) ハンカチの代わりに衣服で手を拭くと、衣服は日常生活の中で汚れていくため、逆に手を汚してしまいます。(▲) 手を洗ったら、衣服で拭かずに、清潔なハンカチかタオルで水気を拭き取りましょう。

清潔なハンカチを寒天ばい地で調べると

【出典】
2014年4月28日号
手や体の衛生に欠かせない「ハンカチ」

【ファイル名】
2_eiseiフォルダ
→08kanten_h.pptx
→スライド1

　清潔なハンカチを寒天培地で細菌がいるかどうかを調べたところ、(▲) 細菌はほとんどいませんでした。(▲)

数日間使い続けたハンカチを調べると

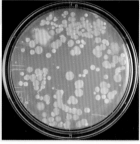

【出典】
2014年4月28日号
手や体の衛生に欠か
せない「ハンカチ」

【ファイル名】
2_eiseiフォルダ
→08kanten_h.pptx
→スライド2

数日間使い続けたハンカチを寒天培地で調べると、(▲) 細菌がたくさんいました。ハンカチを数日間使い続けると、手を拭いたときなどについた細菌がどんどん増えていきます。そのため、ハンカチを使ったら、その翌日は洗濯をした清潔なハンカチに取り替えましょう。

さまざまな目的で使用したハンカチ

・手をふく
・あせをふく
・せきエチケット
　（せきやくしゃみ
　などをハンカチ
　で受ける）など

【出典】
2022年10月8日号
1日使用したハンカ
チのよごれを見る

【ファイル名】
2_eiseiフォルダ
→09yogore_h.pptx
→スライド1

ハンカチは、手洗いの後に手を拭く、汗を拭く、せきやくしゃみが出そうなときに口を押さえるなど、さまざまな目的で使われるため、目には見えなくても汚れがつきます。(▲)

ニンヒドリンをふきかけて、かわかすと

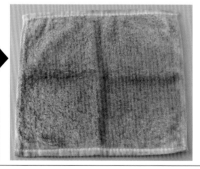

ニンヒドリン
あせやあかなどに反応して、
むらさき色に色がつく液体

【出典】
2022年10月8日号
1日使用したハンカ
チのよごれを見る

【ファイル名】
2_eiseiフォルダ
→09yogore_h.pptx
→スライド2

1日使ったハンカチに「ニンヒドリン」という、あかなどに含まれるたんぱく質を紫色に染める液体を吹きかけて、乾かすと、(▲) 全体が染まり、汚れているのがわかりました。

1日着た下着についたあせやあかを調べる

暑い日に下着を
着て運動を行う

あせに反応して色が
つく液体をかけると

【出典】
2018年6月28日号
暑い日に下着を着る
ことの効果

【ファイル名】
2_eiseiフォルダ
→10shitagi.pptx
→スライド1

　暑い日に運動をしたときに着た下着に、（▲）「ニンヒドリン」と呼ばれる、体から出る汗などに反応して紫色に変わる液体をかけたところ、（▲）下着が汗をしっかりと吸収しているのがわかりました。（▲）

ワイシャツと下着のあせを吸収する量のちがい

ワイシャツの布と下着の布のはしを水につける

15分後

水性のペンで
書いた目もり

ワイシャツ

下着（シャツ）

ワイシャツ　下着

【出典】
2018年6月28日号
暑い日に下着を着る
ことの効果

【ファイル名】
2_eiseiフォルダ
→10shitagi.pptx
→スライド2

　ワイシャツに使われている布と下着の布との、汗に見立てた水を吸収する量の違いを調べました。（▲）すると、ワイシャツに使われている布は水を吸収していないのがわかりました。実際に暑い日に下着を着ないでワイシャツを着ると、汗がワイシャツに吸収されずに、体がべとついて不快になります。

1週間はき続けた上ばきのよごれを調べる

1週間はき続けた上ばき

あせやあかに反応して
むらさき色になる
液体を上ばきの内側に
つけてかわかすと

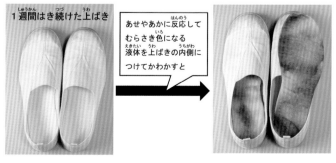

【出典】
2016年12月8日号
よごれやすい上ばき
の内側

【ファイル名】
2_eiseiフォルダ
→11uwabaki.pptx
→スライド1

　1週間履いた上履きは、外側のつま先を除いてきれいに見えます。しかし、（▲）内側を調べると、（▲）汗などでかなり汚れていることがわかりました。（▲）

※つま先の汚れまで見ることができるように、中敷きを入れて実験を行っています。

よごれやすい上ばきの内側

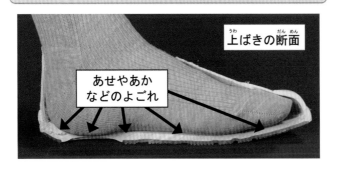

上ばきの断面

あせやあか
などのよごれ

【出典】
2016年12月8日号
よごれやすい上ばき
の内側

【ファイル名】
2_eiseiフォルダ
→11uwabaki.pptx
→スライド2

上履きの内側は足と密着しているため、（▲）足から出た汗やあかがつきやすくなっています。（▲）

上ばきの洗い方①

準備するもの

くつ用の洗ざい、持ち手がついたブラシ、ゴム手ぶくろ、水を入れたバケツ

【出典】
2016年12月8日号
よごれやすい上ばき
の内側

【ファイル名】
2_eiseiフォルダ
→11uwabaki.pptx
→スライド3

上履きを洗うときは、靴用の洗剤、持ち手がついたブラシ、ゴム手袋、水を入れたバケツを準備します。（▲）

上ばきの洗い方②

洗ざいを入れた水に上ばきを入れて、ブラシでこする

【出典】
2016年12月8日号
よごれやすい上ばき
の内側

【ファイル名】
2_eiseiフォルダ
→11uwabaki.pptx
→スライド4

バケツにくんだ水に洗剤を入れ、そこに上履きを入れて、上履きの外側と内側をブラシでこすって、汚れを落とします。（▲）

上ばきの洗い方③

上ばきについた洗ざいを落とし、日かげでかわかす

【出典】
2016年12月8日号
よごれやすい上ばき
の内側

【ファイル名】
2_eiseiフォルダ
→11uwabaki.pptx
→スライド5

　　上履きの外側と内側の汚れをしっかりと落としたら、バケツの水をきれいな水に入れ替えて、上履きについた洗剤をしっかりと洗い落とし、日陰で干して乾かします。

つめのつくり

そうこう
つめの本体で、ピンク色の部分は、皮ふと密着していますが、白い部分は、皮ふからはなれています。

そう母
新しい「つめ」がつくられる部分です。

つめ半月
つめになったばかりの部分です。

【出典】
2020年2月18日号
つめがのびる仕組みと
切るときのポイント

【ファイル名】
2_eiseiフォルダ
→12tsume.pptx
→スライド1

　　爪には、（▲）爪甲・（▲）爪半月・（▲）爪母があります。爪甲は、下にある血管が透けるためにピンク色に見え、爪半月は水分を多く含むために白く見えます。（▲）

つめの役割

指先に入れる力を支える　　**指先の皮ふを守る**　　**小さなものをつかみやすくする**

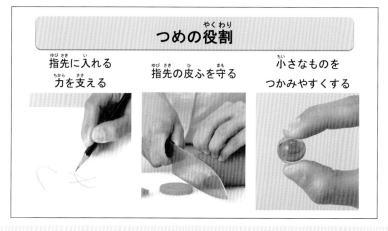

【出典】
2023年4月18日号
手足のつめの役割と
正しい切り方

【ファイル名】
2_eiseiフォルダ
→12tsume.pptx
→スライド2

　　爪は手と足の指先に入る力を支えたり、（▲）指先の皮膚を守ったり、（▲）ものをつかみやすくしたりするなどの大切な役割があります。歩く、走る、細かい作業をするなどの普段何気なく行っている動きは、爪があることでうまくできるようになります。（▲）

ぐんぐんとのびていくつめ

| 切った直後 | 1週間後 | 2週間後 | 3週間後 | 1か月後 |

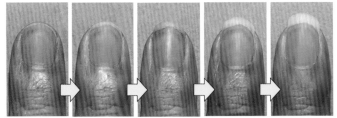

【出典】
2020年2月18日号
つめがのびる仕組みと
切るときのポイント

【ファイル名】
2_eiseiフォルダ
→12tsume.pptx
→スライド3

爪は、1日に約0.1ミリメートル指先の方に伸びていき、爪甲の皮膚から離れた白い部分が増えていきます。(▲)

つめをのばしたままでいると……

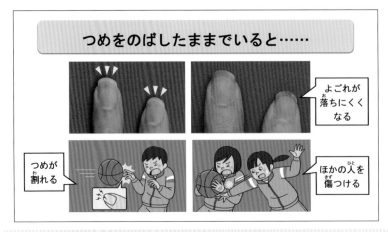

よごれが
落ちにくく
なる

つめが
割れる

ほかの人を
傷つける

【出典】
2016年1月28日号
つめがのびてきたら、
短く切ろう

【ファイル名】
2_eiseiフォルダ
→12tsume.pptx
→スライド4

爪を伸ばしたままでいると、(▲)爪と皮膚の間に汚れや細菌が入り込んで、手洗いでも落としにくくなります。また、(▲)ものが当たったときに爪の先から割れて、指先の皮膚を痛めたり、(▲)伸びた爪がほかの人に当たって、傷つけたりしてしまうことがあります。(▲)

手足のつめの切り方

| 手のつめ | 足のつめ |

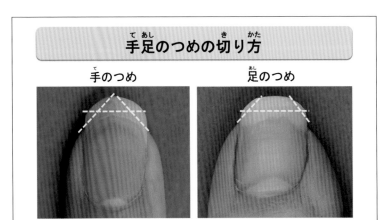

【出典】
2016年1月28日号
つめがのびてきたら、
短く切ろう

【ファイル名】
2_eiseiフォルダ
→12tsume.pptx
→スライド5

爪の一番先の白い部分は指の皮膚から離れているため、切っても痛くありません。(▲)白い部分を少し残して切ります。(▲)足の爪は両側の角に少し丸みをつけましょう。(▲)

きれいに切れた手と足のつめ

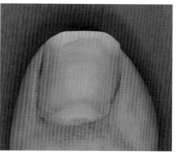

【出典】
2016年1月28日号
つめがのびてきたら、
短く切ろう

【ファイル名】
2_eiseiフォルダ
→12tsume.pptx
→スライド6

切った後に、爪切りのやすり（ざらざらした部分）をかけると、滑らかになります。（▲）

つめを切るときのポイント

入浴した後に切ってみよう

【出典】
2020年2月18日号
つめがのびる仕組みと
切るときのポイント

【ファイル名】
2_eiseiフォルダ
→12tsume.pptx
→スライド7

入浴した後は、爪が水分を含んで柔らかくなるため、切りやすい状態になっています。

おふろの効果

・体についたよごれを洗い落とす
・全身の筋肉のきん張がほぐれる
・体が温まり、ねつきがよくなる
・血液の流れがよくなり、体の中の
　不要な物質を外に出す など

【出典】
2012年1月18日号
おふろに入るとどの
ような効果がある？

【ファイル名】
2_eiseiフォルダ
→13ofuro.pptx
→スライド1

お風呂に入るときは、38〜40度くらいのお湯にゆっくりとつかると、体の芯から温まり、保温効果が長く続きます。（▲）

おふろに入るとき・出るときは

入る前 　　　出るとき 　　　出た後

着がえを準備して
おきましょう

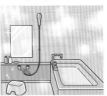

おふろ場をきれいに
してから出ましょう

タオルで全身をふいて、
パジャマなどに着がえ
ましょう

【出典】
2012年1月18日号
おふろに入るとどの
ような効果がある？

【ファイル名】
2_eiseiフォルダ
→13ofuro.pptx
→スライド2

お風呂から出た後は、湯冷めをしないようにすぐにパジャマを着ましょう。また、汗をかくと体内の水分が奪われるので、お風呂から出た後は、水分を多めにとるようにしましょう。

口をつけて飲んだ清りょう飲料で増えるび生物

ペットボトルに入った清りょう
飲料を口をつけて飲み、気温の
高い状態で長い時間放置すると

麦茶の飲み残しの
中で増えるび生物

【出典】
2023年6月28日号
清りょう飲料の飲み
残しで増えるび生物

【ファイル名】
2_eiseiフォルダ
→14pet.pptx
→スライド1

ペットボトルに入った清涼飲料を口をつけて飲み、気温の高い状態で長い時間放置したものを、細菌などの微生物がいるかどうかがわかる「寒天培地」で調べると、（▲）飲み残しの中に多くの微生物がいました。（▲）

び生物の正体は「口の中」のび生物

口の中にいた多くの種類のび生物が
清りょう飲料の中に入る

飲み残しの中で
び生物が増える

【出典】
2009年5月18日号
ペットボトル飲料の飲
み残しで増えるび生物
2023年6月28日号
清りょう飲料の飲み残
しで増えるび生物

【ファイル名】
2_eiseiフォルダ
→14pet.pptx
→スライド2

もともとは、口の中にいた微生物ですが、口をつけて飲むことで、飲み物の中に入り、飲み残しを養分にして増えていきます。微生物が増えていくと、飲み物を短時間で腐らせてしまいます。（▲）

び生物を増やさないために

コップなどに入れて飲む　　冷蔵庫に入れて冷たい状態を保つ

【出典】
2023年6月28日号
清りょう飲料の飲み残
しで増えるび生物

【ファイル名】
2_eiseiフォルダ
→14pet.pptx
→スライド3

　ペットボトルに入った清涼飲料は、コップなどに入れて飲み、（▲）開けた後、気温の高い場所に放置せずに冷蔵庫に入れて、早めに飲み切りましょう。

教室の模型で見るかん気の効果①

実験で使う教室の模型

とびら
（開けたとき）

窓
（開けたとき）

【出典】
2023年1月8日号
教室の模型で見るか
ん気の効果

【ファイル名】
2_eiseiフォルダ
→15kanki.pptx
→スライド1

　この教室の模型は、窓と扉を開けることができます。（▲）

教室の模型で見るかん気の効果②

よごれた空気に見立てた線こうのけむりで、教室の模型の中を満たす

線こう

【出典】
2023年1月8日号
教室の模型で見るか
ん気の効果

【ファイル名】
2_eiseiフォルダ
→15kanki.pptx
→スライド2

　教室の模型の中に線香を入れ、（▲）汚れた空気に見立てた線香の煙で教室の中を満たします。
（▲）

教室の模型で見るかん気の効果③

窓だけを開ける

【出典】
2023年1月8日号
教室の模型で見るか
ん気の効果

【ファイル名】
2_eiseiフォルダ
→15kanki.pptx
→スライド3

　　教室の中を線香の煙で満たした状態で、窓だけを開けます。（▶）5分たっても、まだ教室内に汚れた空気に見立てた煙が残っています。（▲）

※動画を（▶）で再生してください。

教室の模型で見るかん気の効果④

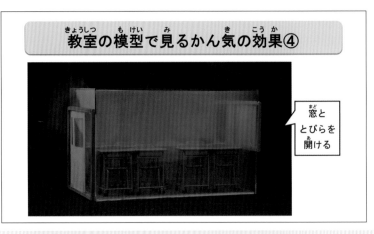

窓ととびらを開ける

【出典】
2023年1月8日号
教室の模型で見るか
ん気の効果

【ファイル名】
2_eiseiフォルダ
→15kanki.pptx
→スライド4

　　今度は、教室の中を線香の煙で満たした状態で、窓と扉の両方を開けます。（▶）5分後には、汚れた空気に見立てた煙が、教室の中からほとんど外に出ました。（▲）

※動画を（▶）で再生してください。

空気の流れのちがい

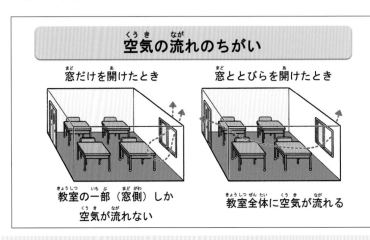

窓だけを開けたとき　　窓ととびらを開けたとき

教室の一部（窓側）しか
空気が流れない

教室全体に空気が流れる

【出典】
2023年1月8日号
教室の模型で見るか
ん気の効果

【ファイル名】
2_eiseiフォルダ
→15kanki.pptx
→スライド5

　　教室の片側の窓を開けただけでは、空気が教室内の一部しか流れませんが、（▲）両側にある窓と扉を開けると、空気の通り道ができて、教室全体の空気を入れ替えることができます。特に、両側の対角線上にある窓と扉を開けることで、教室全体に空気が流れやすくなります。

第3章

生活習慣・メディア

第3章では、健康づくりの観点から、生活習慣を睡眠・朝食・排便の3つに分け、『小学保健ニュース』に掲載した内容をまとめてスライドにしました。

また、健康とメディア機器（携帯ゲーム、スマートフォン、タブレットなど）という観点から、『小学保健ニュース』で特集した、使用時の注意点や使い過ぎの影響、マナーなどをスライドにしました。

第3章の概要 （データはDVD-ROM内の「3_seikatsu」フォルダ内にあります）

ぐっすりとねむると……
（睡眠の効果やポイント）
41～42ページ
（01suimin.pptx・スライド5枚）

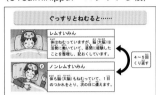

朝ごはんのおもな働き
42～44ページ
（02asagohan.pptx・スライド7枚）

「うんち」について
45～46ページ
（03unchi.pptx・スライド4枚）

外遊びをすると得られること
46ページ
（04sotoasobi.pptx・スライド1枚）

運動前と運動後の体温の変化
46ページ
（05undou.pptx・スライド1枚）

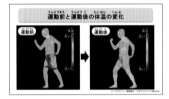

夏バテを防ぐ生活習慣
47ページ
（06natsubate.pptx・スライド1枚）

メディア機器を使うときの姿勢のポイント
47～48ページ
（07media_s.pptx・スライド3枚）

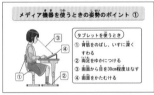

メディア機器を使うときに注意すること
48～49ページ
（08media_t.pptx・スライド3枚）

ゲームがやめられなくなる理由と影響
49～50ページ
（09gameizon.pptx・スライド3枚）

スマートフォンを長時間・夜遅くまで使うと
50ページ
（10sumaho.pptx・スライド2枚）

スマートフォンで思わぬトラブルにつながる例
51～52ページ
（11trouble.pptx・スライド4枚）

タブレットを使うときの注意
52ページ
（12tablet.pptx・スライド2枚）

ぐっすりとねむると……

レムすいみん
体はねむっていますが、脳（大脳）は活発に働いていて、昼間に経験したことを整理し、記おくしています。

ノンレムすいみん
体も脳（大脳）もねむっていて、1日のつかれをとり、次の日に備えます。

4〜5回くり返す

【出典】
2015年11月8日号
ねむっているとき脳はどうなっているの？

【ファイル名】
3_seikatsuフォルダ
→01suimin.pptx
→スライド1

　眠りには、浅い眠りの"レム睡眠"と深い眠りの"ノンレム睡眠"があります。夜寝てから朝起きるまでの間にぐっすりと眠ることで、（▲）レム睡眠とノンレム睡眠を4〜5回繰り返します。（▲）

すいみんに関係するホルモン

下垂体

松果体

成長ホルモン
身長をのばして、筋肉も増やすホルモンで、ね始めてから1〜2時間後に下垂体から出る

メラトニン
深いねむりをさそう物質で、昼間に日光を浴びると、夜に松果体からよく出る

【出典】
2023年3月8日号
体も心も成長させるすいみん

【ファイル名】
3_seikatsuフォルダ
→01suimin.pptx
→スライド2

　寝始めてから1〜2時間後に下垂体から出るのが、（▲）「成長ホルモン」です。また、昼間に日光を浴びると、夜に松果体から（▲）深い眠りを誘う「メラトニン」が出ます。メラトニンは、がんの予防や老化の防止、思春期になるまで二次性徴を抑えてくれる働きもあります。（▲）

夜にしっかりとねむるためには

早起きをして
朝ごはんを食べる

日中に体を
活発に動かす

早めに夕ごはんを食べ、
おふろに入る

【出典】
2015年11月8日号
小学生にも増えている"すいみん障害"

【ファイル名】
3_seikatsuフォルダ
→01suimin.pptx
→スライド3

　しっかりと眠るためには、朝7時までに起きて、朝ご飯をしっかりと食べます。また、（▲）日中に体を動かすと、ほどよく疲れるため、夜にぐっすりと眠ることができます。（▲）夕ご飯とお風呂は早めに済ませ、寝る前にゲームなどをするのはやめましょう。（▲）

ねる前にこんなことをするとねむれなくなるよ

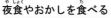

ゲームをする　　夜食やおかしを食べる　　激しい運動をする

【出典】
2016年10月18日号
早くねるための「入眠儀式」

【ファイル名】
3_seikatsuフォルダ
→01suimin.pptx
→スライド4

　寝る前にゲームをすると、ゲームやテレビの画面の光が神経を興奮させて、眠れなくなります。また、（▲）寝る前に夜食などを食べると、食べ物を消化するために胃腸が活動を始めて、眠りが浅くなり、（▲）激しい運動をして体温が上がると、寝つけなくなります。（▲）

心身にえいきょうをあたえるすいみん不足

しっかりとねている人	すいみん不足の人
・気持ちがおだやか ・体の調子がよい ・集中して勉強ができる ・元気よく運動ができる ・つかれがとれる	・イライラして、キレやすい ・うんちが出にくい ・集中して勉強ができない ・けがをしやすい ・つかれがとれない

【出典】
2023年3月8日号
体も心も成長させるすいみん

【ファイル名】
3_seikatsuフォルダ
→01suimin.pptx
→スライド5

　しっかりと寝ている人と、睡眠不足の人では、集中力、疲れなどに大きな差が出ます。すぐにイライラしたり、集中して勉強ができなかったりするのは、睡眠不足の場合が多いです。

朝ごはんのおもな働き

バランスのよい朝ごはん

牛乳・乳製品　果物

野菜や海そう　魚や卵、肉

ごはんやパン　みそしるやスープ

かむ　のみこむ
消化・吸収する

ねむっていた脳や体にスイッチが入る

午前の活動のためのエネルギーが補給される

栄養が補給される

体温が上がり、脳や体の活動が活発になる

うんちが出やすくなる

【出典】
2014年5月28日号
朝ごはんで栄養素やエネルギーを補給しよう

【ファイル名】
3_seikatsuフォルダ
→02asagohan.pptx
→スライド1

　バランスのよい朝ご飯を食べると、食べ物を（▲）かんで、のみ込み、消化・吸収していく中で、（▲）さまざまな働きをして、1日の生活リズムを整えることができます。（▲）

【出典】
2016年9月8日号
しっかり朝ごはんを
食べないと起こる体
の不調

【ファイル名】
3_seikatsuフォルダ
→02asagohan.pptx
→スライド2

　しっかりと朝ご飯を食べると、3つのスイッチが入ります。1つ目は（▲）脳のスイッチで、朝ご飯でエネルギー源が補給され、脳の働きが活発になります。2つ目が（▲）おなかのスイッチで、食べ物で胃が膨らむと、腸が動いて、うんちが出やすくなります。3つ目が（▲）体温のスイッチで、体温が上がり、体が目覚めて、活動の準備ができます。（▲）

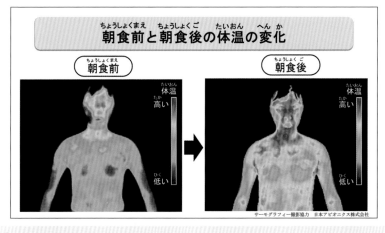

【出典】
2009年4月8日号
不規則な生活から起こ
る「低体温」を防ごう

【ファイル名】
3_seikatsuフォルダ
→02asagohan.pptx
→スライド3

　皮膚の表面温度を色で示してくれる「サーモグラフィー」で、朝食前と朝食後の体（皮膚の表面）の温度を比べたところ、朝食後に、温度が高い黄色や赤の部分が多くなっていました。（▲）

【出典】
2021年4月18日号
朝ご飯で始める健康
的な生活のリズム

【ファイル名】
3_seikatsuフォルダ
→02asagohan.pptx
→スライド4

　朝ご飯を食べないと、午前中は元気が出ず、（▲）給食を食べて元気が出てきても、（▲）寝るのが遅くなったり、夜食を食べたりすると、（▲）翌日の朝に、また朝ご飯を食べられず、（▲）午前中に元気が出なくなり、生活リズムが乱れていきます。（▲）

朝ごはんを食べるときは

家族といっしょに食べる

家族で会話しながら楽しく食べることが、心の成長につながります。

栄養バランスのよい食事をとる

栄養バランスのよい食事をとることで、より活発に脳や体が働きます。

よくかんで食べる

よくかんで食べると脳が活発に働きます。さらに脳が食べ過ぎをおさえて、肥満を防ぎます。

【出典】
2019年1月8日号
朝ごはんが脳や体に あたえるえいきょう

【ファイル名】
3_seikatsuフォルダ
→02asagohan.pptx
→スライド5

　朝ご飯を家族で会話をしながら楽しく食べることが、心の成長につながります。また、(▲) 栄養バランスのよい食事をとることで、より活発に脳や体が働きます。(▲) よくかんで食べることも、脳を活発に働かせる効果があり、脳が食べ過ぎを抑えて、肥満も防いでくれます。(▲)

朝ごはんの中身も大切です

副菜
おひたし、サラダなど

主菜
魚や目玉焼きなど

主食
ごはん、パンなど

しる物
みそしる、スープなど

【出典】
2013年6月18日号
朝、うんちをするとどんな良いことがある？

【ファイル名】
3_seikatsuフォルダ
→02asagohan.pptx
→スライド6

　朝ご飯は、菓子パンなどでは、栄養バランスが悪く、腸も刺激されずに、うんちが出にくいです。ご飯・おかず・汁物がそろった朝ご飯を食べましょう。(▲)

バランスのよい朝ごはんが難しい場合は

【出典】
2015年6月18日号
1日の始まりに朝ごはんを食べよう

【ファイル名】
3_seikatsuフォルダ
→02asagohan.pptx
→スライド7

　ご飯・おかず・汁物がそろった朝ご飯が難しい場合、例えば、おにぎりやパンだけしかなければ、(▲) 野菜がたくさん入ったみそ汁やスープなどを追加しましょう。

バナナのような形のうんちが出たら

健康なうんちです。今の食習慣、生活習慣を続けましょう。

黒いうんちは要注意！

バナナのような形でも、黒くてにおいの強いうんちが出たら、便秘になりやすいので、食習慣や生活習慣を見直しましょう。

【出典】
2018年8月28日号
「うんちチェック」をしてみよう

【ファイル名】
3_seikatsuフォルダ
→03unchi.pptx
→スライド1

トイレでうんちを出した後に、形や色をチェックしてみましょう。（▲）バナナのような形をしたうんちが出ていたら、（▲）健康なうんちです。今の食習慣や生活習慣を続けましょう。ただし、野菜と比べて、肉類を多く食べ過ぎていると、（▲）黒くてにおいが強いうんちが出ます。黒いうんちは便秘になりやすいので、食習慣や生活習慣を見直しましょう。（▲）

コロコロしたかたそうなうんちが出たら

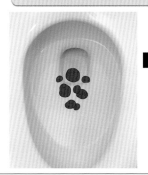
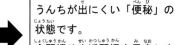

うんちが出にくい「便秘」の状態です。
食習慣や生活習慣を見直しましょう（くわしくは、次のスライドで解説します）。

【出典】
2018年8月28日号
「うんちチェック」をしてみよう

【ファイル名】
3_seikatsuフォルダ
→03unchi.pptx
→スライド2

（▲）コロコロした硬そうなうんちが出ていたら、（▲）うんちが出にくい便秘の状態になっているため、食習慣や生活習慣を見直しましょう。（▲）

食習慣と生活習慣を見直すポイント

よいうんちをつくる食べ物を食べる

野菜　果物　きのこ

海そう　ヨーグルト

運動をする

トイレをがまんしない

【出典】
2018年8月28日号
「うんちチェック」をしてみよう

【ファイル名】
3_seikatsuフォルダ
→03unchi.pptx
→スライド3

コロコロした硬そうなうんちが出たときは、よいうんちをつくる食べ物を食べましょう。また、（▲）運動不足やうんちをするのを我慢していると、大腸がきちんと働かなくなるので、毎日運動をして、うんちがしたくなったら我慢しないようにしましょう。（▲）

水のようなビシャビシャしたうんちが出たら

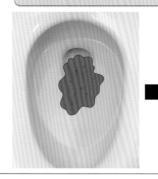

水分が多く出る「げり」の状態です。

・ウイルスや細菌の感染
・冷たい食品や冷ぼうによる体の冷え
・ストレス など

さまざまな原因があります。

【出典】
2018年8月28日号
「うんちチェック」を
してみよう

【ファイル名】
3_seikatsuフォルダ
→03unchi.pptx
→スライド4

（▲）水のようなビシャビシャしたうんちは、（▲）下痢の状態です。ノロウイルスなどのウイルスや細菌に感染している場合があり、吐き気などとともに起こりやすく、症状が治まるまで水分をとりながら安静にします。ほかにも、体の冷えやストレスが原因で下痢を起こすこともあります。

外遊びをすると得られること

脳の働きが活発になる

前頭葉

脳の働きが活発になり、気持ちのコントロールができるようになります。

生活リズムが整う

ねむりをさそう物質のもとがつくられるため、夜は早めにねむくなります。

体力がつく

成長期に体をたくさん動かすと、体力がつきます。

【出典】
2017年11月8日号
"外遊び"で思い切り
体を動かそう

【ファイル名】
3_seikatsuフォルダ
→04sotoasobi.pptx
→スライド1

外遊びをすると、ゲームなどでは得られない経験によって脳が刺激され、（▲）「前頭葉」と呼ばれる部分が活発になり、気持ちのコントロールができるようになります。また、（▲）眠りを誘う物質が出て、夜早めに眠くなることで、生活リズムが整い、（▲）体力もつきます。

運動前と運動後の体温の変化

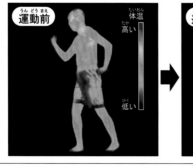
運動前　体温　高い　低い

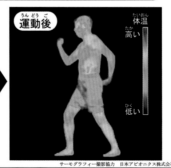
運動後　体温　高い　低い

サーモグラフィー撮影協力 日本アビオニクス株式会社

【出典】
2009年4月8日号
不規則な生活から起こる「低体温」を防ごう

【ファイル名】
3_seikatsuフォルダ
→05undou.pptx
→スライド1

適度な運動を毎日行うことで、（▲）体温も上がり、さらに、体力や病気への抵抗力もつきます。

夏バテを防ぐ生活習慣

・たっぷりとすいみんをとる
・無理のない運動を習慣にする
・きちんと食事をとる
・適度に水分をとる
・室内を冷やし過ぎない
など

【出典】
2008年8月8日号
あなたは大丈夫？　夏バテをまねく生活習慣チェック

【ファイル名】
3_seikatsuフォルダ
→06natsubate.pptx
→スライド1

気温や湿度が高い夏に食欲が湧かない、寝つきが悪い、疲れやすい、やる気が出ないなどの症状が出る「夏バテ」を予防するには、規則正しい生活習慣を心がけることが大切です。

メディア機器を使うときの姿勢のポイント ①

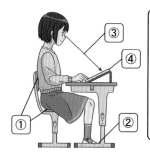

タブレットを使うとき

① 背筋をのばし、いすに深くすわる
② 両足をゆかにつける
③ 画面から目を30cm程度はなす
④ 画面をかたむける

【出典】
2022年11月8日号
メディア機器を使うときの姿勢のポイント

【ファイル名】
3_seikatsuフォルダ
→07media_s.pptx
→スライド1

タブレットを使うときは、（▲）背筋を伸ばし、椅子に深く座り、（▲）両足を床につけて、（▲）タブレットの画面から目を30cm程度離した状態で、（▲）タブレットの画面に天井の照明の光が反射して見えづらくならないように、画面全体がきちんと見える角度に傾けて使いましょう。（▲）

メディア機器を使うときの姿勢のポイント ②

テレビを見るとき

縦の長さの
1倍　　2倍　　3倍

縦の長さ

縦の長さ

【出典】
2022年11月8日号
メディア機器を使うときの姿勢のポイント

【ファイル名】
3_seikatsuフォルダ
→07media_s.pptx
→スライド2

テレビを見るときは、テレビの画面から、（▲）画面の縦の長さの（▲）3倍くらい離れたところで、正面から見ましょう。（▲）

メディア機器を使うときの姿勢のポイント ③

スマートフォン・けい帯ゲームを使うとき

目を30cm
はなす

目を30cm
はなす

【出典】
2022年11月8日号
メディア機器を使うと
きの姿勢のポイント

【ファイル名】
3_seikatsuフォルダ
→07media_s.pptx
→スライド3

　　スマートフォンや携帯ゲームは、（▲）画面から30cm程度目を離して使います。画面が小さく、目を画面に近づけて見てしまいやすいため、注意が必要です。

メディア機器を使うときに注意すること ①

こまめに"目の休けい"をとる

休けい法①
10分に1回、
遠くを見る

休けい法②
目の周りを
温める

【出典】
2022年11月8日号
メディア機器を使う
ときに注意すること

【ファイル名】
3_seikatsuフォルダ
→08media_t.pptx
→スライド1

　　タブレットやテレビ、スマートフォン、携帯ゲームなどの「メディア機器」を使うときは、（▲）10分に1回は画面から視線を外し、遠くを見て、目の中にある筋肉を休めます。また、目に疲れを感じたら、（▲）温めたタオルを目の周囲に当てると、疲れがとれます。（▲）

メディア機器を使うときに注意すること ②

ねる2時間前からは使用しない

使う時間を決めよう

ねる前に使っていると

すいみん不足

【出典】
2022年11月8日号
メディア機器を使う
ときに注意すること

【ファイル名】
3_seikatsuフォルダ
→08media_t.pptx
→スライド2

　　寝る前にメディア機器を使うと、（▲）画面から出る光に含まれる「ブルーライト」によって、眠れなくなって体の不調を起こし、目にも悪い影響を与えます。（▲）1日の中でメディア機器を使う時間を決めておき、寝る2時間前には電源を切りましょう。（▲）

メディア機器を使うときに注意すること ③

メディア機器を使用していて、目の痛みや見えづらさを感じたら……。

↓

すぐに使うのをやめて、家の人（学校内の場合は先生）に相談しましょう。

【出典】
2022年11月8日号
メディア機器を使うときに注意すること

【ファイル名】
3_seikatsuフォルダ
→08media_t.pptx
→スライド3

　メディア機器を使用する中で、目の痛みや見えづらさを感じたら、（▲）すぐに使うのをやめて、家の人（学校内の場合は先生）に相談しましょう。

ゲームがやめられなくなるのはなぜ？

ゲームをクリア（こう略）したり、目標を達成したりする中で、脳内で「ドーパミン」と呼ばれる物質が出ます。

↓

ゲームで長時間遊び続けると、ドーパミンが大量に出過ぎて、達成感を感じにくくなり、ドーパミンの出る量も減る一方で、さらに達成感を求めるため、やめられなくなります。

ドーパミン
達成感や幸福感をもたらす物質

【出典】
2023年9月18日号
ゲームをやめられない状態（い存）とは
2016年1月8日号
ゲームがやめられなくなるのはなぜ？

【ファイル名】
3_seikatsuフォルダ
→09gameizon.pptx
→スライド1

　携帯ゲームなどのゲームで遊んでいると、ゲームをクリアしたり、目標を達成したりする中で、達成感や幸福感をもたらす「ドーパミン」が出ます。（▲）しかし、長時間遊び続けると、ドーパミンが大量に出過ぎて、達成感を感じにくくなり、ドーパミンの出る量も減る一方で、さらに達成感を求めるため、やめられなくなります。（▲）

ゲームのやり過ぎが心身にあたえるえいきょう

心（脳）へのえいきょう
前頭前野

体へのえいきょう
視力の低下
目のつかれ
頭痛
かたこり
背中の痛み
体調不良
体力の低下
こしの痛み

【出典】
2020年4月8日号
ゲームのやり過ぎが心身にあたえるえいきょう

【ファイル名】
3_seikatsuフォルダ
→09gameizon.pptx
→スライド2

　携帯ゲームなどのゲームで遊び過ぎると、脳内で感情などをコントロールする「前頭前野」がきちんと働かなくなります。また、（▲）生活リズムの乱れやゲーム機から出る光などが、全身に悪い影響を与えます。（▲）

けい帯ゲームにふれない時間でできること

外遊び　勉強　家族と楽しく会話

読書　お手伝い　植物を育てる

【出典】
2018年7月18日号
"メディア・コントロール"をやってみよう

【ファイル名】
3_seikatsuフォルダ
→09gameizon.pptx
→スライド3

　もし、携帯ゲームをやり過ぎていたら、遊ぶ時間を見直してみましょう。ゲーム以外のさまざまなことに挑戦する中で、ゲームなどからは得られない、新たな経験や発見ができます。

スマートフォンを長時間・夜おそくまで使うと

視力の低下につながる　すいみん不足につながる　イライラしやすくなる

【出典】
2016年11月8日号
ケータイやスマホ
（スマートフォン）を
使うときには

【ファイル名】
3_seikatsuフォルダ
→10sumaho.pptx
→スライド1

　スマートフォンの画面を見続けると、目が疲れて、視力の低下につながります。また、（▲）寝る直前まで使っていると、画面の光の刺激で寝つけなくなります。さらに、（▲）寝る前の使用で寝不足になると、脳の疲れがとれず、イライラしやすくなります。（▲）

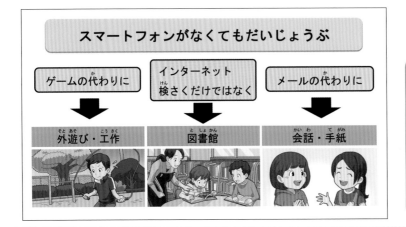

スマートフォンがなくてもだいじょうぶ

ゲームの代わりに　インターネット検さくだけではなく　メールの代わりに

外遊び・工作　図書館　会話・手紙

【出典】
2017年6月18日号
ケータイ・スマホは、
本当に必要ですか？

【ファイル名】
3_seikatsuフォルダ
→10sumaho.pptx
→スライド2

　（▲）外遊びで体を動かしたり、手作りで工作をしたりすると、気分がすっきりし、体力向上にもなります。（▲）図書館を利用する中で、友だちと教え合ったり、司書の先生に聞いたりして正しい情報を得ることもできます。（▲）会話や手紙は、表情や気持ちが伝わったり、よく考えて文章が書けたりするので、トラブルが少なくなります。

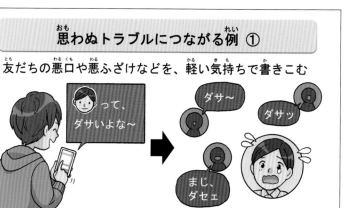

【出典】
2021年11月8日号
多くの人が使っている
スマートフォンの危険

【ファイル名】
3_seikatsuフォルダ
→11trouble.pptx
→スライド1

スマートフォンでインターネットを使って、他人の悪口や悪ふざけなどを、軽い気持ちで書き込むと、(▲)周りの友だちを巻き込むなどして、いじめに発展し、友だちや自分の将来を傷つけてしまいます。(▲)

【出典】
2021年11月8日号
多くの人が使っている
スマートフォンの危険

【ファイル名】
3_seikatsuフォルダ
→11trouble.pptx
→スライド2

また、個人情報をインターネットにあげると、(▲)知らない人に待ちぶせされたり、つきまとわれたりして、事件に巻き込まれる可能性があります。(▲)

【出典】
2021年11月8日号
多くの人が使っている
スマートフォンの危険

【ファイル名】
3_seikatsuフォルダ
→11trouble.pptx
→スライド3

インターネットで知り合った人に、うそをつかれていたり、思っていた人ではなかったりして、(▲)会ったときに危険な目に遭う人が増えています。トラブルに巻き込まれそうになったら、自分で解決しようとせず、すぐに大人に相談しましょう。(▲)

インターネット以外の危険もあります

【出典】
2021年11月8日号
多くの人が使っている
スマートフォンの危険

【ファイル名】
3_seikatsuフォルダ
→11trouble.pptx
→スライド4

インターネットによるトラブル以外にも、「ながらスマホ」をすると、大事故につながったり、周囲に迷惑をかけたりするので、絶対にやめましょう。

ある日のタブレットでのグループチャットで

☆

【出典】
2022年11月8日号
タブレットを使った
メッセージのやりと
りに注意

【ファイル名】
3_seikatsuフォルダ
→12tablet.pptx
→スライド1

グループ発表のテーマを決めていると、Dさんが（▲）ほかの人の意見を聞かずに（▲）連続で投稿して、（▲）みんなを困らせてしまいました。タブレット上でのやりとりでは、表情が見えず、声の感じも伝わらないので、慎重な言葉遣いをすることが大切です。また、自分の考えを一方的に主張するのではなく、一度落ち着いて相手の意見も聞きましょう。（▲）

タブレットでトラブルを起こさないために

送る前に落ち着いて
読み直す

自分が言われていやな
ことは書きこまない

返信がなかったり、
意見がちがったりしても
責めない

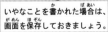

いやなことを書かれた場合は、
画面を保存しておきましょう。

答えるタイミングや考え方は、
人それぞれちがいます。

【出典】
2022年11月8日号
タブレットを使った
メッセージのやりと
りに注意

【ファイル名】
3_seikatsuフォルダ
→12tablet.pptx
→スライド2

タブレットを使ったやりとりでトラブルを起こさないために、送る前に落ち着いて読み直しましょう。また、（▲）自分が言われて嫌なことは書き込まない、（▲）返信がなかったり、意見が違ったりしても責めないことも大切です。

第4章
性と心

　第4章では、『小学保健ニュース』で、性教育指導用として特集した中から、プライベートゾーンや月経、精通、赤ちゃんなどのテーマをスライドにしました。性の多様性に関しては、児童向けのスライドと教職員向けのスライドを収録しています。

　また、毎年『小学保健ニュース』で特集している「心の成長シリーズ」から、集団生活を気持ちよく送るためのスキルを選んでスライドにしました。

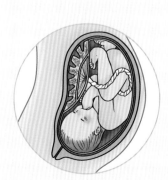

第4章の概要 （データはDVD-ROM内の「4_seitokokoro」フォルダ内にあります）

プライベートゾーンについて
55〜56ページ
（01private.pptx・スライド4枚）

さまざまな変化が起こる二次性徴（女子）・卵巣の働き
56ページ
（02seityou_f.pptx・スライド2枚）

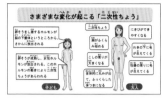

月経の仕組み・月経時の生活の仕方
57〜58ページ
（03gekkei.pptx・スライド6枚）

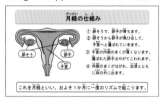

体に合っていないブラジャーをつけていると
59ページ
（04bra.pptx・スライド3枚）

さまざまな変化が起こる二次性徴（男子）・精巣の働き
60ページ
（05seityou_m.pptx・スライド2枚）

射精の仕組み・精通について
60〜61ページ
（06seitsuu.pptx・スライド3枚）

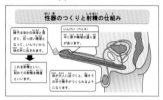

赤ちゃんについて
61〜62ページ
（07akatyan.pptx・スライド2枚）

人はみな、さまざまな「性」を持っています
62〜63ページ
（08sei.pptx・スライド3枚）

どんな人が好き？
63〜64ページ
（09suki.pptx・スライド4枚）

過ごしやすい学校づくりのためのポイント（教職員指導用）
64〜65ページ
（10tayousei.pptx・スライド3枚）

気分が落ち込んだら試してみよう
65ページ
（11ochikondara.pptx・スライド1枚）

イライラしたら試してみよう
66ページ
（12iraira.pptx・スライド1枚）

"アクセル言葉"と"ブレーキ言葉"
66〜67ページ
（13accel.pptx・スライド4枚）

身の回りの物を大切にしましょう
67〜68ページ
（14taisetsu.pptx・スライド4枚）

プライベートゾーンってどこだろう？

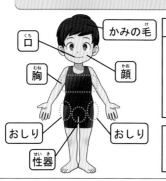

口	かみの毛
胸	顔
おしり	おしり
性器	

プライベートゾーンとは

水着を着るとかくれるところで、人に見せたりさわらせたりしてはいけない「自分だけの大切な場所」
「胸」・「おしり」・「性器」

「口」・「顔」・「かみの毛」も自分だけの大切な場所

【出典】
2018年1月18日号
「プライベートゾーン」を守ろう
2022年8月8日号
プライベートゾーンは自分だけの大切なところ

【ファイル名】
4_seitokokoroフォルダ
→01private.pptx
→スライド1

　プライベートゾーンは、（▲）水着を着たときに隠れる「胸」、「おしり」、「性器」などを指し、「人に見せたり触らせたりしてはいけない、自分だけの大切な場所」という意味があります。また、（▲）「口」や「顔」、「髪の毛」も自分だけの大切な場所です。（▲）

プライベートゾーンで遊んではいけません

見せたりさわらせたりしない

見ようとしたりさわろうとしたりしない

人前で着がえるときはプライベートゾーンが見えないようにする

清潔にする

【出典】
2018年1月18日号
「プライベートゾーン」を守ろう
2022年8月8日号
プライベートゾーンは自分だけの大切なところ

【ファイル名】
4_seitokokoroフォルダ
→01private.pptx
→スライド2

　自分のプライベートゾーンを友だちに見せたり、触られたりしないことや、見たり触ったりしないなどのルールを守ることが大切です。（▲）また、自分のプライベートゾーンをきれいに洗い、清潔にすることも大切です。（▲）

「よいタッチ」と「いやなタッチ」

よいタッチ

いやなタッチ

いやなタッチをされたら、必ず先生か家の人に伝えましょう。

【出典】
2018年1月18日号
「プライベートゾーン」を守ろう

【ファイル名】
4_seitokokoroフォルダ
→01private.pptx
→スライド3

　触れられて安心したり、うれしくなったりする「よいタッチ」と、嫌な気持ちになる「嫌なタッチ」があります。（▲）嫌なタッチをされたら逃げて、必ず先生か家の人に伝えましょう。

見られたり、さわられたりしたら

「やめて」と言おう　　すぐににげよう　　安心できる大人に伝えよう

やめて！

【出典】
2022年8月8日号
プライベートゾーンは自分だけの大切なところ

【ファイル名】
4_seitokokoroフォルダ
→01private.pptx
→スライド4

　自分のプライベートゾーンを見たり触られたりしても、あなたは悪くありません。勇気を出して、大きな声で「やめて」と言って、その場から逃げ、できるだけ早く安心できる大人に伝えましょう。

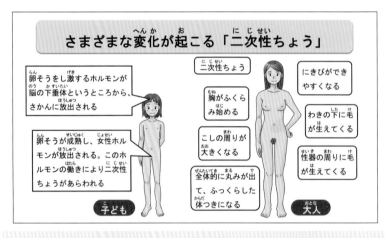

さまざまな変化が起こる「二次性ちょう」

卵そうをし激するホルモンが脳の下垂体というところから、さかんに放出される

二次性ちょう

にきびができやすくなる

卵そうが成熟し、女性ホルモンが放出される。このホルモンの働きにより二次性ちょうがあらわれる

胸がふくらみ始める

こしの周りが大きくなる

わきの下に毛が生えてくる

性器の周りに毛が生えてくる

全体的に丸みが出て、ふっくらした体つきになる

子ども　　大人

【出典】
2010年8月8日号
大人へと成長する体　女子

【ファイル名】
4_seitokokoroフォルダ
→02seityou_f.pptx
→スライド1

　小学校中学年になると、いろいろな部分が成長し始めて、全体的にふっくらした体つきになりますが、これは女性ホルモンの働きが活発になって起こるもので、二次性徴といいます。（▲）

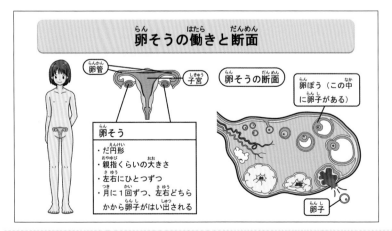

卵そうの働きと断面

卵管　　子宮

卵そうの断面

卵ぼう（この中に卵子がある）

卵そう
・だ円形
・親指くらいの大きさ
・左右にひとつずつ
・月に1回ずつ、左右どちらかから卵子がはい出される

卵子

【出典】
2012年3月18日号
性教育指導用「精そう」と「卵そう」の働き

【ファイル名】
4_seitokokoroフォルダ
→02seityou_f.pptx
→スライド2

　外からは見えませんが、女子の体の中には「卵巣」があります。卵巣はだ円形で、親指くらいの大きさです。左右にひとつずつあり、11～12歳頃になると、ホルモンの分泌により卵巣の中で約1か月かけて卵胞が成熟し、左右どちらかの卵巣から卵子が排出されるようになります。

月経の仕組み

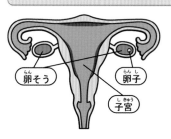

卵そう　卵子　子宮

① 卵そうで、卵子が育ちます。
② 卵そうから卵子が飛び出して、子宮へと運ばれていきます。
③ 子宮の内側のまくが厚くなります。運ばれた卵子はやがてこわれます。
④ 内側のまくがはがれ、血液とともに体の外に出ます。

これを月経といい、およそ1か月に一度のリズムで起こります。

【出典】
2023年7月8日号
月経指導用　月経時を
気持ちよく過ごす方法

【ファイル名】
4_seitokokoroフォルダ
→03gekkei.pptx
→スライド1

　卵巣で卵子が育つと、（▲）卵巣から卵子が飛び出して、子宮へと運ばれていきます。（▲）子宮の内側の膜が厚くなり、運ばれた卵子はやがて壊れます。そして、（▲）内側の膜がはがれ、体の外へ出ます。（▲）これを月経といい、体が大人に近づくと、女性ホルモンの働きにより、およそ1か月に一度のリズムで起こります。（▲）

月経時に痛みが起きる理由

子宮　月経血

【出典】
2015年10月18日号
性教育指導用　月経中
を快適に過ごすために

【ファイル名】
4_seitokokoroフォルダ
→03gekkei.pptx
→スライド2

　月経血を外に押し出そうと子宮が伸び縮みすることで、痛みが起こります。（▲）温かい飲み物を飲んだり、ぬるめのお湯につかったりすることで、痛みが和らぎます。（▲）

月経時を快適に過ごす服装

おなか周りがゆったりとしたこい色のスカート（ワンピースやジャンパースカートもおすすめ）

血のめぐりをさまたげないゆったりとしたトップス

冷えを防ぐためのレギンスやスパッツ

サニタリーショーツ

くつ下

こい色でゆったりとしたはばの広いパンツ

【出典】
2020年6月18日号
性教育指導用　月経は
体からの成長のサイン
2023年7月8日号
月経指導用　月経時を
気持ちよく過ごす方法

【ファイル名】
4_seitokokoroフォルダ
→03gekkei.pptx
→スライド3

　月経中は体を冷やさないように気をつけて、血の巡りを妨げないゆったりとした服を着ましょう。スカートの下にはレギンスやスパッツを重ねて履いたり、濃い色や模様を選んだりすると、汚れも目立ちにくくて安心です。（▲）

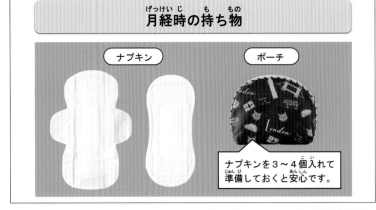

【出典】
2023年7月8日号
月経指導用 月経時を
気持ちよく過ごす方法

【ファイル名】
4_seitokokoroフォルダ
→03gekkei.pptx
→スライド4

　　ナプキンは、量によって大きさを変えて使い、2～3時間おきに取り替えましょう。ナプキンを3～4個入れたポーチを準備しておくと安心です。急に月経になって困ったときは、保健室へ行きましょう。（▲）

【出典】
2023年7月8日号
月経指導用 月経時を
気持ちよく過ごす方法

【ファイル名】
4_seitokokoroフォルダ
→03gekkei.pptx
→スライド5

　　月経時は鉄不足で貧血になりやすいので、バランスよく栄養をとります。（▲）痛みが出たときは、体を温めると、痛みが和らぎます。（▲）つらいときは、我慢せずに先生か家の人に伝えて体を休めましょう。（▲）

【出典】
2023年7月8日号
月経指導用 月経時を
気持ちよく過ごす方法

【ファイル名】
4_seitokokoroフォルダ
→03gekkei.pptx
→スライド6

　　月経は、体が大人に近づき、新しい命を生み出す準備ができていることを知らせる大切なものです。人前で話題にしたり、うわさをしたりするのではなく、お互いに助け合いましょう。

体に合っていないブラジャーをつけていると

体が成長しているのに
つけていないと……

つけてはいるけれど
サイズが合っていないと……

痛い……

【出典】
2018年5月28日号
性教育指導用 成長に
合ったブラジャーを
身につけよう

【ファイル名】
4_seitokokoroフォルダ
→04bra.pptx
→スライド1

　　体が成長しているのにブラジャーをつけていないと、胸を隠そうとして前かがみになり、姿勢が悪くなります。また、つけてはいるけれど、サイズが合っていないと、痛みやつけ心地の悪さから、勉強や運動に集中できなくなります。（▲）

家の人にブラジャーの話ができないという人は

今、着ている下着、ちょっときつくなってきているんだけど……

家の人に
・洗たくの手伝いをしながら言ってみる
・下着に関する資料（インターネットなど）を見ながら言ってみる

保健室の先生に
つけるべきかどうかわからない場合は、保健室の先生に相談する

【出典】
2018年5月28日号
性教育指導用 成長に
合ったブラジャーを
身につけよう

【ファイル名】
4_seitokokoroフォルダ
→04bra.pptx
→スライド2

　「家の人にブラジャーの話ができない」という人が多いようです。体が成長するのは自然なことなので、気軽に家の人や先生に相談しましょう。（▲）

正しい胸の測り方

①メジャーを用意します。②まっすぐに立って背筋をのばします。③手を下ろして深呼吸をします。④深く息を吸って少しだけ息をはいた状態で呼吸を止めます。この状態で測るのがベストです。⑤メジャーとゆかが平行になっているかを確かめて、測ってみましょう。

❶トップ（胸のいちばん出ているところ）を測る

❷アンダー（胸のふくらみのすぐ下）を測る

❸トップとアンダーの差を計算する。その数字で、A・B・Cなどのカップサイズが決まる。
A：約10cm、B：約12.5cm、C：約15cmです。

【出典】
2018年5月28日号
性教育指導用 成長に
合ったブラジャーを
身につけよう

【ファイル名】
4_seitokokoroフォルダ
→04bra.pptx
→スライド3

　　これがブラジャーのサイズの測り方です。自分で測る場合は、鏡の前で横向きになって測ってみましょう。測った結果が、例えば、トップ70cm、アンダー60cmの場合、差が10cmなので、A60cmのブラジャーをつけます。なお、カップサイズの後ろに書いている数字はアンダーのサイズです。

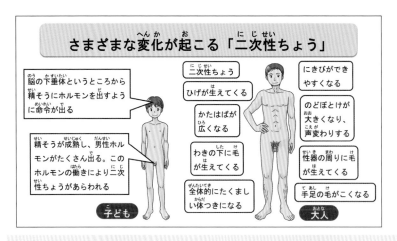

さまざまな変化が起こる「二次性ちょう」

脳の下垂体というところから精そうにホルモンを出すように命令が出る

精そうが成熟し、男性ホルモンがたくさん出る。このホルモンの働きにより二次性ちょうがあらわれる

子ども

二次性ちょう

ひげが生えてくる

かたはばが広くなる

わきの下に毛が生えてくる

全体的にたくましい体つきになる

にきびができやすくなる

のどぼとけが大きくなり、声変わりする

性器の周りに毛が生えてくる

手足の毛がこくなる

大人

【出典】
2010年7月8日号
大人へと成長する体
男子

【ファイル名】
4_seitokokoroフォルダ
→05seityou_m.pptx
→スライド1

　　小学校中学年になると、男性ホルモンの働きが活発になって、体毛が濃くなったり、全体的にたくましい体つきになったりするなどの変化が現れ始めますが、これを二次性徴といいます。（▲）

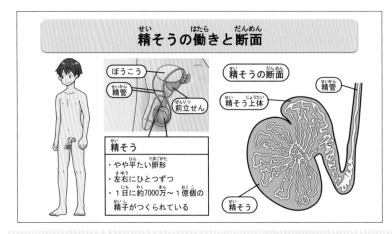

精そうの働きと断面

ぼうこう

精管

前立せん

精そう
・やや平たい卵形
・左右にひとつずつ
・1日に約7000万〜1億個の精子がつくられている

精そうの断面

精管

精そう上体

精そう

【出典】
2010年7月8日号
大人へと成長する体
男子
2012年3月18日号
性教育指導用「精そう」と「卵そう」の働き

【ファイル名】
4_seitokokoroフォルダ
→05seityou_m.pptx
→スライド2

　　外からは見えませんが、男子の体の中には「精巣」があります。精巣はやや平たい卵形で、左右にひとつずつあります。11〜12歳頃になると、1日に約7000万〜1億個もの精子が精巣でつくられ、精巣上体というところに運ばれて成熟し、精管を通って外に出ます。

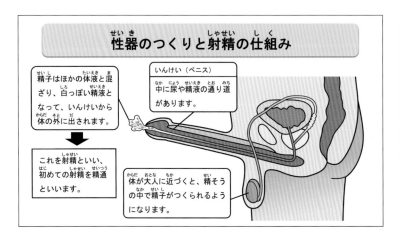

性器のつくりと射精の仕組み

精子はほかの体液と混ざり、白っぽい精液となって、いんけいから体の外に出されます。

これを射精といい、初めての射精を精通といいます。

いんけい（ペニス）
中に尿や精液の通り道があります。

体が大人に近づくと、精そうの中で精子がつくられるようになります。

【出典】
2016年2月8日号
性教育指導用 "精通"は体が大人へ近づいたしるし
2023年8月8日号
性教育指導用 体が大人に近づくと起こる "精通"

【ファイル名】
4_seitokokoroフォルダ
→06seitsuu.pptx
→スライド1

　　精巣でつくられた精子はいろいろな体液と混ざって、陰茎から体の外に出されます。（▲）これを射精といい、初めての射精を精通といいます。（▲）

精通が起こってもあわてないために

下着についてしまったら

ねている間に精通が起こり下着についてしまったら、さっと洗って洗たく機に入れましょう。

精通の起こる時期は人それぞれ

体の変化や精通が起こる時期は人それぞれです。人と比べて心配する必要はありません。

【出典】
2023年8月8日号
性教育指導用 体が大人に近づくと起こる"精通"

【ファイル名】
4_seitokokoroフォルダ
→06seitsuu.pptx
→スライド2

精通はある日突然起こるので、下着を汚すことがありますが、誰もが経験する成長の印なので、落ち着いて受け止めましょう。また、精通が起こる時期は人それぞれです。人と比べて心配する必要はありませんが、不安なときは保健室の先生などに相談しましょう。（▲）

精通は大切なプライバシー

比べない　　からかわない

【出典】
2023年8月8日号
性教育指導用 体が大人に近づくと起こる"精通"

【ファイル名】
4_seitokokoroフォルダ
→06seitsuu.pptx
→スライド3

精通は成長の印でうれしいことですが、人と比べたり、周りに言いふらしたりするものではありません。

生まれる前の赤ちゃんはどんなところにいるの？

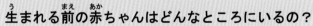
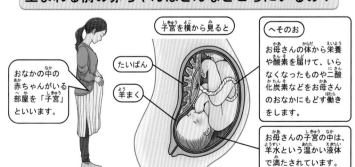

【出典】
2015年8月8日号
赤ちゃんとお母さんをつなぐ"へそのお"
2020年11月8日号
性教育指導用 おなかの中ですくすく育つ赤ちゃん

【ファイル名】
4_seitokokoroフォルダ
→07akatyan.pptx
→スライド1

生まれる前の赤ちゃんは、（▲）お母さんの子宮の中にいます。（▲）子宮を横から見てみましょう。子宮には、羊膜というふくろがあり、その中で赤ちゃんは、羊水という液体の中で浮かんでいて、外からの衝撃から守られています。そして、へその緒を通じて、お母さんの体から栄養や酸素を受け取り、いらなくなったものや二酸化炭素をお母さんのおなかの中に戻しています。（▲）

生まれて、お母さんの子宮から出ると

生まれて子宮から出ると、すぐにへそのおが切られて、赤ちゃんは肺呼吸を始めます。

へそのおは、神経が通っていないため、切られても痛くありません。切ったあとは専用のクリップで止め、1週間ほど、毎日消毒をします。

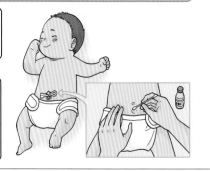

【出典】
2015年8月8日号
赤ちゃんとお母さんをつなぐ"へそのお"

【ファイル名】
4_seitokokoroフォルダ
→07akatyan.pptx
→スライド2

へその緒は、誕生とともに切られて、赤ちゃんは自分の肺で呼吸をするようになります。

人はみな、さまざまな「性」を持っています

体のつくりのちがいによる **体の性**

自分で自分をどう思うという **心の性**

どの性の人を好きになるのかという **好きになる性**

服装などであらわす **表現する性**

ぼく わたし

これらの「性」の組み合わせは、一人ひとりちがいます

【出典】
2022年2月28日号
性教育指導用 人はみな、さまざまな「性」を持っています

【ファイル名】
4_seitokokoroフォルダ
→08sei.pptx
→スライド1

体の性は、性器の違いなどで分けられる生まれたときの体の性別のことです。心の性は自分で思う性別のことで、体の性とは違うことがあります。好きになる性は、どの性の人を好きになるのかということで、異性を好きになるだけではなく、同性を好きになる人や異性と同性の両方を好きになる人、好きにならない人もいます。表現する性は、服装や髪形、言葉遣いなどで表現するもので、体の性からイメージされるものと同じとは限りません。（▲）これらの「性」の組み合わせは、一人ひとり違います。（▲）

ちがいがあるから豊かな社会になります

【出典】
2022年2月28日号
性教育指導用 人はみな、さまざまな「性」を持っています

【ファイル名】
4_seitokokoroフォルダ
→08sei.pptx
→スライド2

それぞれ違う性や個性を持った人たちが、お互いを大切にし合うことで、誰もが生きやすい豊かな社会になります。（▲）

【出典】
2022年2月28日号
性教育指導用 人はみな、さまざまな「性」を持っています

【ファイル名】
4_seitokokoro フォルダ
→08sei.pptx
→スライド3

トイレや着替え、健康診断、ほかの人からの言葉など、学校生活で悩みがあるときは、信じられる人に相談しましょう。

【出典】
2020年2月8日号
心の成長シリーズ③
人を好きになるということ

【ファイル名】
4_seitokokoro フォルダ
→09suki.pptx
→スライド1

心が成長すると、特定の人が気になったり、好きになったりすることがあります。その人のどんなところが好きなのか、どんな性別の人を好きになるのかは、人それぞれで、どれも大切な気持ちです。（▲）

【出典】
2020年2月8日号
心の成長シリーズ③
人を好きになるということ

【ファイル名】
4_seitokokoro フォルダ
→09suki.pptx
→スライド2

“好き”には、（▲）ドキドキしたり、仲よくなりたいと思ったりするなど、いろいろな気持ちがあります。（▲）

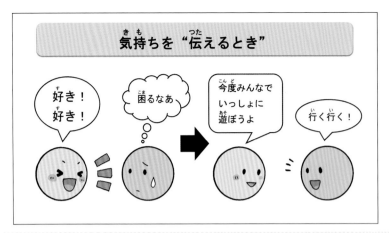

【出典】
2020年2月8日号
心の成長シリーズ③
人を好きになるということ

【ファイル名】
4_seitokokoroフォルダ
→09suki.pptx
→スライド3

　好きという気持ちを伝えるとき、何度も言うなど、気持ちを押しつけてしまうと、相手は困ってしまうかもしれません。（▲）少しずつ仲よくなってみましょう。（▲）

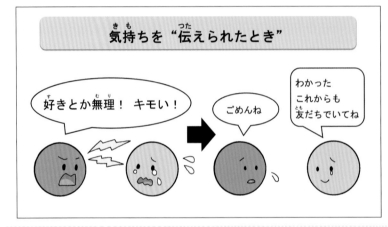

【出典】
2020年2月8日号
心の成長シリーズ③
人を好きになるということ

【ファイル名】
4_seitokokoroフォルダ
→09suki.pptx
→スライド4

　気持ちを伝えられて、断るときに、きつい言葉で言ったら相手は悲しい気持ちになります。（▲）自分に気持ちがないときは、丁寧に断りましょう。

【出典】
2020年8月8日号
職員室掲示用 児童の
「多様性を尊重する
心」を養うために

【ファイル名】
4_seitokokoroフォルダ
→10tayousei.pptx
→スライド1

　偏った見方を見聞きしたときは、聞き流してしまわずに、どうしてそう思うのかを尋ねて、考える機会にしましょう。（▲）

過ごしやすい学校づくりのためのポイント ②

男らしさ、女らしさをおしつけていませんか？

【出典】
2020年8月8日号
職員室掲示用 児童の
「多様性を尊重する
心」を養うために

【ファイル名】
4_seitokokoroフォルダ
→10tayousei.pptx
→スライド2

　児童に声をかけるときは、一人ひとりの個性を尊重しましょう。（▲）

過ごしやすい学校づくりのためのポイント ③

理解を示すかん境づくりはできていますか？

【出典】
2020年8月8日号
職員室掲示用 児童の
「多様性を尊重する
心」を養うために

【ファイル名】
4_seitokokoroフォルダ
→10tayousei.pptx
→スライド3

　児童が相談しやすい環境づくりのためにも、保健室や図書室に本や掲示物を用意するとよいでしょう。

気分が落ちこんだらためしてみよう

先生やおうちの人に
話を聞いてもらう

だれかに話すだけで、心が
軽くなることがあります。

運動や遊びで体を動かす

体を動かすことに集中すると、
気分がすっきりします。

おうちの人と散歩したり、
ペットと遊んだりする

心がいやされて、がんばる
気持ちがわいてきます。

【出典】
2014年7月8日号
心の成長シリーズ①
気分が落ちこんだと
きは

【ファイル名】
4_seitokokoroフォルダ
→11ochikonda.pptx
→スライド1

　困っていることやうまくいかないことなどがあると、気分が落ち込むことは、誰にでもあります。心配し過ぎないようにして、気持ちを切り替える方法を試してみるとよいでしょう。

イライラしたらためしてみよう

・静かなところへ行ってみよう
・どうしてイライラしたのかを考えてみよう
・先生や家族に話してみよう

朝からお母さんにおこられて、いやな気持ちになったんです

【出典】
2014年9月28日号
心の成長シリーズ②
イライラしたときには

【ファイル名】
4_seitokokoroフォルダ
→12iraira.pptx
→スライド1

　怒るほどではないけれど、「嫌だな」と思うことが続くと、「イライラ」した気持ちになってくるものです。イライラしたら、一度気持ちを落ち着かせるために静かなところへ行ったり、（▲）どうしてイライラしたのかを振り返ったり、（▲）イライラの原因となる「嫌だな」と思ったことを先生や家族などに話したりしてみましょう。

"アクセル言葉"と"ブレーキ言葉"

アクセル言葉
ブブー
・すごいね　・ごめんね　・がんばれ
・その調子　・がんばってるね
・ありがとう　・どうしたの？
・よろしくね　・だいじょうぶだよ
・上手だね　・先にどうぞ　など

ブレーキ言葉
キキー
・むかつく　・なぐるぞ　・あほ
・へたくそ　・のろま　・早くしろよ
・あっち行け　・なにやってんだよ
・うざい（うっとうしい）
・きもい（気持ち悪い）　など

【出典】
2018年9月28日号
心の成長シリーズ②
"アクセル言葉"と"ブレーキ言葉"

【ファイル名】
4_seitokokoroフォルダ
→13accel.pptx
→スライド1

　車はアクセルを踏むと元気に走り出し、ブレーキを踏むと止まります。そこから、言われるとやる気や元気が出る、思いやりのある言葉を「アクセル言葉」、やる気や自信を失って、悲しい気持ちになってしまう言葉を「ブレーキ言葉」と呼ぶことがあります。（▲）

アクセル言葉に言いかえてみよう　①

係の仕事をきちんとやってくれないとき

ちゃんと
そうじしてよ！

やだよ！
うるせーな！

早く終わりに
して遊ぼうよ！

そうだね！協力して
早く終わらせよう！

【出典】
2018年9月28日号
心の成長シリーズ②
"アクセル言葉"と"ブレーキ言葉"

【ファイル名】
4_seitokokoroフォルダ
→13accel.pptx
→スライド2

　やってくれないことを責めるのではなく、（▲）終わらせたらどんなよいことが待っているのかということを提案してみるとよいでしょう。（▲）

【出典】
2018年9月28日号
心の成長シリーズ②
"アクセル言葉"と"ブレーキ言葉"

【ファイル名】
4_seitokokoroフォルダ
→13accel.pptx
→スライド3

同じブレーキ言葉で返すのではなく、（▲）言われて嫌だったという気持ちを伝えれば、言った友だちは自分の言葉遣いの悪さに気づくかもしれません。（▲）

【出典】
2018年9月28日号
心の成長シリーズ②
"アクセル言葉"と"ブレーキ言葉"

【ファイル名】
4_seitokokoroフォルダ
→13accel.pptx
→スライド4

自分の気持ちに余裕がないと、つい悪い言葉を使ってしまいます。（▲）体を動かしたり、音楽を聴いたりするなどして、気持ちを落ち着かせましょう。

【出典】
2022年5月8日号
心の成長シリーズ①
身の回りの物を大切にしましょう

【ファイル名】
4_seitokokoroフォルダ
→14taisetsu.pptx
→スライド1

いつも身の回りの物を乱暴に使っていると、（▲）汚れたり、壊れたりしやすくなるので、必要なときに気持ちよく使えません。（▲）

ていねいにあつかって手入れをしながら使うと

【出典】
2022年5月8日号
心の成長シリーズ①
身の回りの物を大切
にしましょう

【ファイル名】
4_seitokokoroフォルダ
→14taisetsu.pptx
→スライド2

　物を丁寧に扱い、手入れをしながら使うと、（▲）きれいなままで長持ちするので、いつまでも気持ちよく使うことができます。（▲）

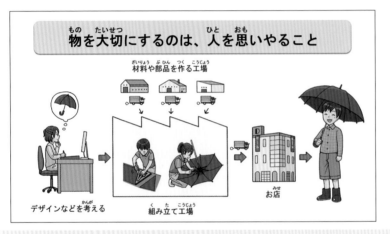

物を大切にするのは、人を思いやること

【出典】
2022年5月8日号
心の成長シリーズ①
身の回りの物を大切
にしましょう

【ファイル名】
4_seitokokoroフォルダ
→14taisetsu.pptx
→スライド3

　物ができるまでには、多くの人の手間や時間、お金がかけられています。物を使うときに、そのようなことに想像を働かせると、大切に使う気持ちが生まれます。（▲）

みんなで使う物も大切にしましょう

【出典】
2022年5月8日号
心の成長シリーズ①
身の回りの物を大切
にしましょう

【ファイル名】
4_seitokokoroフォルダ
→14taisetsu.pptx
→スライド4

　自分で使う物だけではなく、（▲）みんなが使う物についても、一緒に使う人のことを考えて、丁寧に扱いましょう。

第5章

けがの手当

　第5章では、擦り傷や切り傷、突き指、骨折など
といったさまざまなけがの手当や、チャドクガなど
の虫刺されの手当と予防などについて、『小学保健
ニュース』に掲載した写真とイラストを使ってスラ
イドにしています。

　また、熱中症の予防や手当に関連して、サーモグラ
フィーを用いた実験などで示した汗の働きや、水分補
給・塩分補給のポイントなどをスライドに入れました。

第5章の概要 （データはDVD-ROM内の「5_kega」フォルダ内にあります）

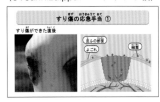

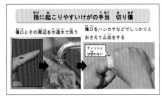

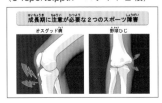

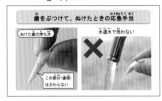

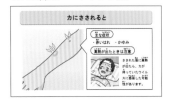

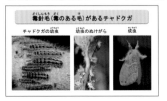

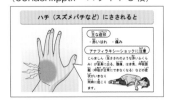

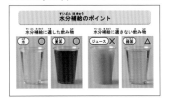

すり傷の応急手当 ①

すり傷ができた直後

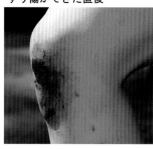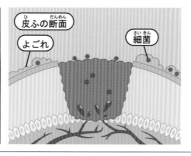

【出典】
2020年9月18日号
すり傷の応急手当と
皮ふの変化

【ファイル名】
5_kegaフォルダ
→01surikizu.pptx
→スライド1

擦り傷ができたときに、傷口やその周囲についた汚れの中には、（▲）細菌がいて、傷口から皮膚の内部に細菌が入ると、けがの症状が悪化します。（▲）

すり傷の応急手当 ②

傷口とその周囲のよごれを水道水で洗い流す

【出典】
2020年9月18日号
すり傷の応急手当と
皮ふの変化

【ファイル名】
5_kegaフォルダ
→01surikizu.pptx
→スライド2

けがを悪化させないためには、擦り傷ができたらすぐに傷口やその周囲の汚れを水道水で洗い流して、（▲）細菌が傷口から皮膚の内部に入るのを防ぎます。（▲）

すり傷の応急手当 ③

水でぬらしたハンカチかタオルを当てる

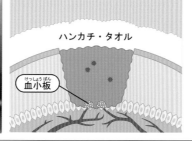

☆

【出典】
2020年9月18日号
すり傷の応急手当と
皮ふの変化

【ファイル名】
5_kegaフォルダ
→01surikizu.pptx
→スライド3

汚れを洗い流したら、水でぬらしたハンカチを当てて、（▲）傷口が乾かないようにしながら押さえて、圧迫止血をします。（▲）皮膚の内部では、血液の中にある血小板などが傷ついた血管に集まってふさぎます。（▲）皮膚の内部に入った細菌は、白血球によって食べられて、取り除かれます。（▲）

すり傷の応急手当 ④

ばんそうこうをはる

傷がかわかないタイプのものをはる

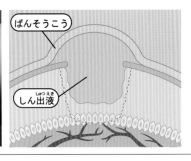

ばんそうこう

しん出液

【出典】
2020年9月18日号
すり傷の応急手当と
皮ふの変化

【ファイル名】
5_kegaフォルダ
→01surikizu.pptx
→スライド4

　　血が止まったら、ばんそうこうを貼ります。（▲）ばんそうこうは「ハイドロコロイド」などの自然治癒力を高める素材のものが、痛みが少なく、きれいに傷を治せます。（▲）ばんそうこうを貼ると、ふさがれた傷口に、皮膚を再生させる働きをするしん出液があふれ、（▲）新しい皮膚の細胞がつくられて、傷が目立たなくなります。（▲）

すぐに病院に行く必要があるけが

皮ふの深くまで傷ついたけが　　　　動物にかまれてできたけが

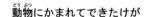

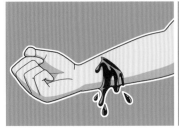

【出典】
2020年9月18日号
すり傷の応急手当と
皮ふの変化

【ファイル名】
5_kegaフォルダ
→01surikizu.pptx
→スライド5

　　皮ふの深いところまで傷ついたり、動物にかまれたりしたけがや、擦り傷でも傷についた汚れが落ちない場合は、必ず病院で診てもらう必要があります。

指に起こりやすいけがの手当　切り傷

傷口とその周辺を水道水で洗う　　傷口をハンカチなどでしっかりとおさえて止血をする

ティッシュは使わない

【出典】
2018年9月18日号
指に起こりやすいけがの手当

【ファイル名】
5_kegaフォルダ
→02yubi.pptx
→スライド1

　　切り傷ができたときは、（▲）傷口とその周りを水道水で洗い、（▲）傷口を清潔なハンカチなどでしっかりと押さえて止血をします。（▲）止血の際に、ティッシュは使わないようにしましょう。血が止まったら、ばんそうこうなどを貼って、傷口を保護しましょう。（▲）

指に起こりやすいけがの手当　つき傷

氷（氷のう）などで冷やして痛みを軽くする　　やってはいけないこと

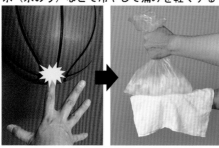

指を引っ張る

指をもむ

【出典】
2018年9月18日号
指に起こりやすいけがの手当

【ファイル名】
5_kegaフォルダ
→02yubi.pptx
→スライド2

　突き指をしたときは、（▲）氷や氷のうなどで冷やして、痛みを軽くします。氷で冷やすときは、直接氷を当てずに、指と氷の間にタオルを1枚挟んで冷やすようにしましょう。（▲）指を引っ張ったり、もんだりしてはいけません。（▲）

指に起こりやすいけがの手当　とげ

とげをぬく　　　　　　異物を取り除く

【出典】
2012年3月8日号
とげがささったら…

【ファイル名】
5_kegaフォルダ
→02yubi.pptx
→スライド3

　とげが刺さったら、ピンセットなどをとげの角度の合わせて傾け、とげを引き抜きます。（▲）次に、とげが刺さっていたところの周りの皮膚をつまんで血液を出し、異物を完全に取り除きましょう。

骨折したかもしれないと思ったら

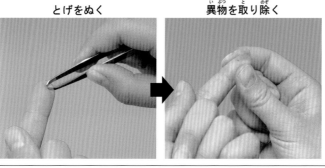

骨折すると……

骨折部分を動かさない

すぐに大人を呼ぶ

・激しく痛む　・はれる
・皮ふの色が変わる　・骨折部分の形が変わる
・骨折部分が動かせなくなる

【出典】
2021年8月8日号
覚えておこう 骨折したときの応急手当

【ファイル名】
5_kegaフォルダ
→03kossetsu.pptx
→スライド1

　転んだときなどに、肘や手首の骨が折れて、激しく痛んだり、皮膚が変色したりすることがあります。骨がぽきりと折れていなくても、ひびが入ったり、欠けたりするのも骨折です。骨折したと思ったら、（▲）骨折した部分を動かさずに、すぐに大人を呼びましょう。（▲）

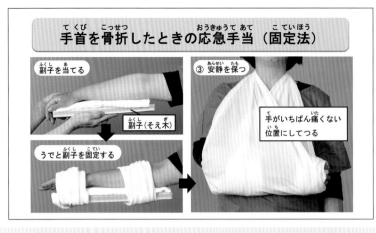

手首を骨折したときの応急手当（固定法）

① 副子を当てる
副子（そえ木）
うでと副子を固定する

③ 安静を保つ
手がいちばん痛くない位置にしてつる

【出典】
2021年8月8日号
覚えておこう 骨折したときの応急手当

【ファイル名】
5_kegaフォルダ
→03kossetsu.pptx
→スライド2

まず、清潔なガーゼなどを挟み、肘から手までの長さの副子（添え木）を当てます。（▲）次に、手の先、肘の少し下の順に三角巾などで固定します。強く結び過ぎないように注意します。（▲）そして、骨折した部分が動かないように三角巾でつって、すぐに病院に行きましょう。

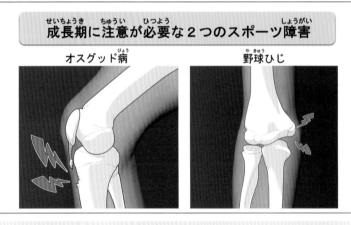

成長期に注意が必要な2つのスポーツ障害

オスグッド病　　　　　野球ひじ

【出典】
2017年9月18日号
成長期に注意が必要な2つの「スポーツ障害」

【ファイル名】
5_kegaフォルダ
→04sports.pptx
→スライド1

オスグッド病は、成長期に膝の曲げ伸ばしをする激しい運動をすることで、筋肉とけんに引っ張られた膝下の骨の一部がはがれて痛みが出るスポーツ障害です。野球肘は、たくさん投球し過ぎることで、成長中の肘の骨が傷ついて痛みが出ます。（▲）

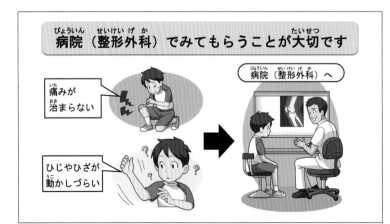

病院（整形外科）でみてもらうことが大切です

痛みが治らない

ひじやひざが動かしづらい

病院（整形外科）へ

【出典】
2017年9月18日号
成長期に注意が必要な2つの「スポーツ障害」

【ファイル名】
5_kegaフォルダ
→04sports.pptx
→スライド2

痛みがあったり、動かしづらかったりしたときは、無理をして運動をすると、症状が悪化して、そのスポーツを続けられなくなることがあるので、（▲）整形外科で診てもらいましょう。

歯をぶつけて、ぬけたときの応急手当

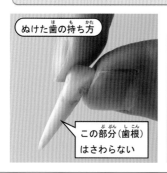

ぬけた歯の持ち方

この部分（歯根）はさわらない

水道水で洗わない

【出典】
2021年10月28日号
歯をぶつけて、けがを
したときの応急手当

【ファイル名】
5_kegaフォルダ
→05hakega.pptx
→スライド1

歯をぶつけて、抜けたり、欠けたりしたときは、その歯を拾っておくことが大切です。その際に、歯根の部分は触らずに持ちます。（▲）水道水で洗ってはいけません。（▲）

病院でみてもらうまでのぬけた歯の保存法

「歯の保存液」に入れる

歯の保存液

保存液がないときは

牛乳

すぐに病院に着ける場合は

ラップで包む

【出典】
2021年10月28日号
歯をぶつけて、けがを
したときの応急手当

【ファイル名】
5_kegaフォルダ
→05hakega.pptx
→スライド2

抜けた歯は、病院で診てもらうまで、専用の保存液に入れます。（▲）歯の保存液がないときは、牛乳に入れ、（▲）すぐに病院に着ける場合は、ラップで包んで病院に持っていきます。専用の保存液だと12〜24時間、牛乳だと12時間程度、ラップに包んだ場合は1時間程度、口の中に戻すことができる状態で保存できます。

日焼けをしないためには

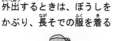
10〜14時の間はできるだけ外出をひかえる

外出するときは、ぼうしをかぶり、長そでの服を着る

日焼け止めクリームをぬる

【出典】
2015年5月8日号
日焼けのしすぎはど
うしていけないの？

【ファイル名】
5_kegaフォルダ
→06hiyake.pptx
→スライド1

日焼けを防ぐためには、紫外線が最も強い10〜14時の間はできるだけ外出を控え、（▲）外出するときは、つばの長さが7cm以上の帽子をかぶり、薄手の長袖の服を着るようにしましょう。（▲）衣服などで覆えない部分には日焼け止めクリームを塗るのもよいでしょう。（▲）

日焼けをしてしまったら

日焼けは、「日光皮ふ炎」という、皮ふがやけどをしている状態です。

⬇

冷たい水や氷で冷やし、水ぶくれができてしまったら、つぶさずに、皮ふ科でみてもらいましょう。

【出典】
2015年5月8日号
日焼けのしすぎはどうしていけないの？

【ファイル名】
5_kegaフォルダ
→06hiyake.pptx
→スライド2

日焼けは、「日光皮膚炎」という、皮膚がやけどをしている状態です。日焼けをしてしまったら、（▲）冷たい水や氷で冷やし、水ぶくれができてしまったら、つぶさずに、皮膚科で診てもらいましょう。

力にさされると

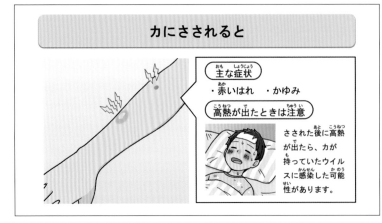

主な症状
・赤いはれ　・かゆみ

高熱が出たときは注意

さされた後に高熱が出たら、カが持っていたウイルスに感染した可能性があります。

【出典】
2021年7月8日号
カ（ヒトスジシマカ
アカイエカ など）

【ファイル名】
5_kegaフォルダ
→07ka.pptx
→スライド1

蚊に刺されると、蚊が血を吸うときに出す液に対して、アレルギー反応を起こして、皮膚が腫れたり、かゆみが出たりします。（▲）刺された後に高熱が出たら、蚊が持っていたウイルスに感染した可能性があるので、病院に行きましょう。（▲）

力にさされたときは

流水で冷やす

ぬり薬をつける

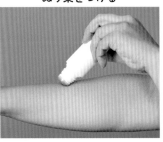

【出典】
2021年7月8日号
カ（ヒトスジシマカ
アカイエカ など）

【ファイル名】
5_kegaフォルダ
→07ka.pptx
→スライド2

蚊に刺されてかゆみが出たときは、水で冷やしたり、薬を塗ったりすることでかゆみを軽くできます。皮膚をかき壊すと、そこから細菌が入り、「とびひ」と呼ばれる病気に感染することがあるのでやめましょう。（▲）

カにさされるのを防ぐには

虫よけスプレーを使う

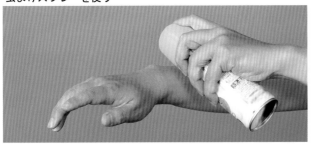

【出典】
2021年7月8日号
カ（ヒトスジシマカ
アカイエカ など）

【ファイル名】
5_kegaフォルダ
→07ka.pptx
→スライド3

蚊が活発に活動する夏場に外出する際には、子ども向けの虫よけスプレーを肌にかけておくことも大切です。

毒針毛（毒のある毛）があるチャドクガ

チャドクガの幼虫　　　幼虫のぬけがら　　　成虫

【出典】
2021年7月8日号
チャドクガ

【ファイル名】
5_kegaフォルダ
→08tyadokuga.pptx
→スライド1

チャドクガに生えている毒針毛（毒のある毛）が皮膚に刺さると強いかゆみが出ます。毒針毛は、幼虫に生えた目に見える毛ではなく、幼虫や抜け殻、成虫の体全体に生えている目に見えない毛のため、気がつかないうちに、私たちの皮膚につき、強いかゆみが出ることがあります。（▲）

チャドクガの毒針毛にさされると

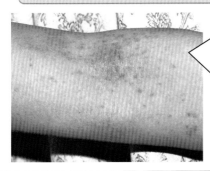

主な症状
・皮ふに小さな赤いぶつぶつがたくさんできる
・激しいかゆみ

さされたところはかかない
皮ふにささった毒針毛がより多くささったり、深くささったりすることがあります。

【出典】
2021年7月8日号
チャドクガ

【ファイル名】
5_kegaフォルダ
→08tyadokuga.pptx
→スライド2

チャドクガの毒針毛に刺されると、毒針毛に含まれる毒にアレルギー反応を起こして、赤い腫れや強いかゆみなどの症状を起こします。手当を受ける前にかき壊すと、皮膚に残った毒針毛がより多く刺さったり、深く刺さったりすることがあるので、皮膚をかかないようにして、病院で診てもらいましょう。（▲）

チャドクガの毒針毛にさされたときは

ねん着テープで毒針毛を取り除く　　　さされたところを水で洗う

【出典】
2021年7月8日号
チャドクガ

【ファイル名】
5_kegaフォルダ
→08tyadokuga.pptx
→スライド3

　　毒針毛に刺された直後の場合、粘着テープを刺された場所に貼って、はがすと、毒針毛を抜くことができます。皮膚に症状が出ている場合は、粘着テープで毒針毛を抜かずに、水で洗い、病院で診てもらいます。（▲）

チャドクガの毒針毛にさされるのを防ぐには

ツバキやサザンカの木に近づかない

ツバキ

サザンカ

【出典】
2008年6月28日号
毒のある針をもつ
「チャドクガ」に注意
2021年7月8日号
チャドクガ

【ファイル名】
5_kegaフォルダ
→08tyadokuga.pptx
→スライド4

　　特にチャドクガが出やすい初夏から秋の時季は、ツバキやサザンカの木に近づかないようにしましょう。

ハチ（スズメバチなど）にさされると

主な症状
・赤いはれ　・痛み

アナフィラキシーショックに注意

じんましん（虫さされのような赤いふくらみ）が全身に出る、腹痛、はき気、呼吸困難（呼吸が正常にできなくなる）などの症状がいきなり同時に起こります。

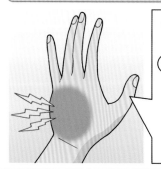

【出典】
2014年9月8日号
命にもかかわる「アナフィラキシー」
2021年11月8日号
ハチ（スズメバチなど）

【ファイル名】
5_kegaフォルダ
→09hachi.pptx
→スライド1

　　ハチのおしりにある針に刺されると、毒が皮膚に入り、アレルギー反応を起こして、腫れや痛みが出ます。（▲）しかも、全身の皮膚に症状が出て、呼吸が正常にできなくなるアナフィラキシーショックを起こす危険性もあります。特にアナフィラキシーショックを起こした場合、命に関わるため、すぐに病院に行く必要があります。（▲）

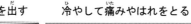

ハチ（スズメバチなど）にさされたときは

水で洗いながら「毒」を出す　　冷やして痛みやはれをとる

さされた場所をつまんで毒を出す

ぬらしたタオル

【出典】
2021年11月8日号
ハチ（スズメバチなど）

【ファイル名】
5_kegaフォルダ
→09hachi.pptx
→スライド2

　ハチに刺されたときは、水で洗いながら刺された場所をつまんで毒を出し、冷やして痛みや腫れをとります。過去にハチに刺されたことがあったり、何か所も刺されたりしたときは、病院で診てもらいましょう。（▲）

ハチにさされるのを防ぐためには

・ハチの巣や群れに近づかない

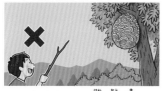

・ハチがいたり、ハチの羽の音が聞こえたりしたら、静かににげる
・あまいにおいのするジュースやおかしを歩きながら食べない

野山に行くときの服装
ぼうしをかぶる
白っぽい服を着る
長そでと長ズボンを着用する
くつ下と運動ぐつをはく

【出典】
2019年6月28日号
毒を持っている虫に注意しよう
2021年11月8日号
ハチ（スズメバチなど）

【ファイル名】
5_kegaフォルダ
→09hachi.pptx
→スライド3

　ハチに刺されるのを防ぐためには、ハチの巣があるところには、絶対に近づかないことが大切です。また、ハチは黒くて動くものに近づくので、白っぽい衣服（長そでで、長ズボン）を着用しましょう。

海で安全に遊ぶためには

泳いでよい場所と時期を守る　　水着ではだをおおう　　危険な生き物にさわらない

【出典】
2019年6月18日号
海にいる危険な生き物に気をつけよう

【ファイル名】
5_kegaフォルダ
→10umi.pptx
→スライド1

　海で安全に遊ぶためには、泳いでよい場所や時期を守り、（▲）水着で肌を覆うようにして、（▲）もしも危険な生物を見たときは、興味本位で触らないようにしましょう。

サーモグラフィーで見るあせの働き ①

あせに見立てた水（皮ふと同じ温度）を皮ふにつけて、うちわであおいで蒸発させる

↓

サーモグラフィーで皮ふの温度の変化を見ると……

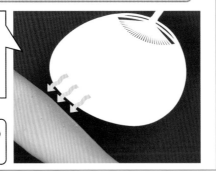

【出典】
2021年4月28日号
熱中症予防に大切な「あせ」の働き

【ファイル名】
5_kegaフォルダ
→11ase.pptx
→スライド1

　　汗に見立てた皮膚と同じ温度の水を、皮膚につけてうちわであおぎ、蒸発したときの皮膚の温度の変化を、サーモグラフィーで見てみます。（▲）

サーモグラフィーで見るあせの働き ②

蒸発させる前　　　　　蒸発させた後

低い　　　　　高い
温度

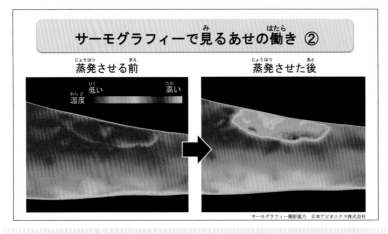

サーモグラフィー撮影協力　日本アビオニクス株式会社

【出典】
2021年4月28日号
熱中症予防に大切な「あせ」の働き

【ファイル名】
5_kegaフォルダ
→11ase.pptx
→スライド2

　　水が蒸発する前と蒸発した後を比べると、皮膚の一部が高い温度を示す赤色から、低い温度を示す黄色や青色になっていて、温度が下がったことがわかります。これと同様に、暑い日に汗をかくと、その汗が皮膚から蒸発するときに、体の表面の熱を奪っていきます。（▲）

あせが出る仕組みと役割

① 体に熱がたまる（体温が上がる）

↓

② あせが出る

↓

③ あせが蒸発する中で熱も外に出る

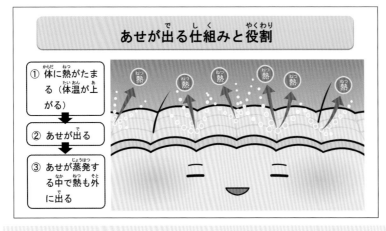

☆

【出典】
2019年6月8日号
暑い日にあせをかくことの効果

【ファイル名】
5_kegaフォルダ
→11ase.pptx
→スライド3

　　暑くなってくると、体に熱がたまって体温が上がり、（▲）汗が出ます。（▲）汗が出て蒸発すると、体の表面の熱が奪われて、外に出るので、体温が下がります。汗をかくことで、体温が上がるのを抑えているのです。（▲）

あせをかくことが熱中症の予防につながります

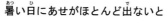

暑い日にあせがたくさん出ると　　　暑い日にあせがほとんど出ないと

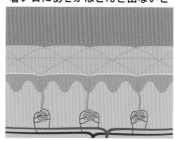

【出典】
2016年4月28日号
暑さに体を慣らして
熱中症を予防しよう

【ファイル名】
5_kegaフォルダ
→11ase.pptx
→スライド4

汗が蒸発することで、体内の熱が外に放出され、冷やされるため、体温が下がり、熱中症を予防します。（▲）一方、暑い日に汗が出ないと、体の熱が体の外に出ずにこもるため、体温が上がっていき、熱中症にかかりやすくなります。（▲）

あせをかくことで失われるものを補給しよう

あせで体から失われるもの① 水分　　　あせで体から失われるもの② 塩分

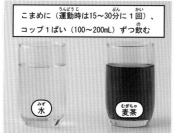

【出典】
2021年4月28日号
熱中症予防に大切な
「あせ」の働き

【ファイル名】
5_kegaフォルダ
→11ase.pptx
→スライド5

水分補給は、喉が渇いてからではなく、時間を決めて、こまめに少量ずつ、水か麦茶を飲むことが大切です。塩分は、朝・昼・夕食をしっかりと食べて補給し、激しい運動をするときは、食事に加えて、塩あめやスポーツ飲料などで、塩分をきちんととるようにしましょう。

夏より前でも気温が上がったときは注意

5月の場合　　　　　　　　8月の場合

【出典】
2012年4月28日号
暑くなる前に知ろう熱
中症予防の「ひ・み・つ」

【ファイル名】
5_kegaフォルダ
→12kion.pptx
→スライド1

体が暑さに慣れていない時期である春から初夏にかけて、急に気温が上がると、それほど高くない気温でも体が暑さに対応できないため、熱中症を引き起こすことがあります。

水分補給のポイント

水分補給に適した飲み物

水　○

麦茶　○

水分補給に適さない飲み物

ジュース　✕

緑茶　△

【出典】
2018年6月8日号
熱中症予防に「こまめに」「少しずつ」水分をとろう

【ファイル名】
5_kegaフォルダ
→13hokyuu.pptx
→スライド1

　　水や麦茶は、喉が渇いたときにまとめて飲むのではなく、コップ1杯（100〜200mL）ずつを、こまめに飲みましょう。（▲）砂糖が多く入ったジュースなどの飲み物や、おしっこの量を増やす成分が入った緑茶は体内の水分を減らすので、熱中症の予防には向きません。（▲）

塩分補給のポイント

食事　　　　　　　　　スポーツ飲料・塩あめ

【出典】
2020年5月18日号
熱中症を予防するための水分・塩分補給のポイント

【ファイル名】
5_kegaフォルダ
→13hokyuu.pptx
→スライド2

　　日常生活の中でしっかりと食事をとることで、汗が出たときに失った塩分を補給できますが、暑い日に運動をするときは、食事に加えて、（▲）スポーツ飲料や塩あめなどで、汗で失う塩分をとりましょう。

特に熱中症にかかりやすいのは

・熱があるとき
・げりをしているとき
・すいみん不足のとき
・肥満
　　　　　　など

【出典】
2020年5月18日号
熱中症を予防するための水分・塩分補給のポイント

【ファイル名】
5_kegaフォルダ
→14nettyusyo.pptx
→スライド1

　　熱があるときや下痢をしているとき、睡眠不足のときや肥満の状態だと、熱中症にかかりやすくなります。また、健康な状態でも、暑い日に休憩をとらずに運動をするのは絶対にやめましょう。

第6章

病気の予防・歯科指導

　第6章では、感染症（インフルエンザ・ノロウイルスなど）の予防（手洗い・換気については第2章に掲載）や、アレルギーへの理解と対処法、生活習慣病の予防などをスライドにしています。

　歯科指導では、弊社で出版した『パワポ歯科指導』に収録していない、新たに『小学保健ニュース』で掲載した内容をスライドに入れました。

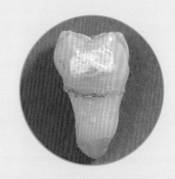

第6章の概要 （データはDVD-ROM内の「6_byouki」フォルダ内にあります）

感染症の感染経路、飛まつ感染について
85ページ
（01himatsu.pptx・スライド3枚）

不織布マスクの効果
86〜87ページ
（02mask.pptx・スライド4枚）

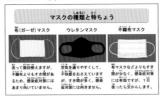

体温計の正しい使い方
87〜88ページ
（03taion.pptx・スライド3枚）

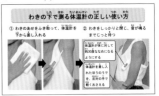

線毛について
88〜89ページ
（04senmou.pptx・スライド3枚）

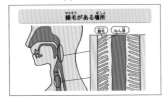

インフルエンザ（ウイルス）
89ページ
（05influ.pptx・スライド2枚）

ノロウイルス
90ページ
（06noro.pptx・スライド3枚）

細菌などによる食中毒
91ページ
（07tyudoku.pptx・スライド3枚）

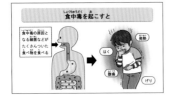

アレルギーとは・食物アレルギー・アナフィラキシー
92〜95ページ
（08allergy.pptx・スライド10枚）

エピペン®の使い方（教職員指導用）
95ページ
（09epi.pptx・スライド2枚）

アトピー性皮膚炎・気管支ぜんそく
96ページ
（10atpizen.pptx・スライド2枚）

花粉症
96〜97ページ
（11kafun.pptx・スライド3枚）

清涼飲料（砂糖）が体に与える影響
97〜98ページ
（12sugar.pptx・スライド3枚）

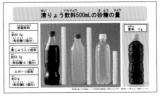

脂肪が体に与える影響
98〜99ページ
（13shibou.pptx・スライド2枚）

「がん」について
99ページ
（14gan.pptx・スライド2枚）

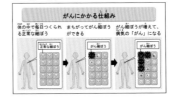

歯科保健に関する内容（歯のつくり、そしゃく、むし歯など）
100〜102ページ
（15shika.pptx・スライド9枚）

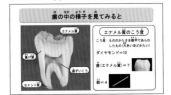

感染症の感染経路

飛まつ感染

感染している人がせきやくしゃみをした際に飛んだしぶきを吸いこむことで感染します。
（インフルエンザ など）

接しょく感染

感染している人に直接ふれたり、病原体がついた物にふれたりすることで感染します。
（ノロウイルス など）

空気感染

病原体がふくまれた空気を吸いこむことで感染します。教室の中で遠くにいる人も感染します。
（水ぼうそう など）

【出典】
2015年4月18日号
春から夏にかけて流行する感染症に注意
2023年11月18日号
ウイルスや細菌に感染する仕組み

【ファイル名】
6_byoukiフォルダ
→01himatsu.pptx
→スライド1

　感染症の感染経路として、飛まつ感染、（▲）接触感染、（▲）空気感染などがあります。インフルエンザや新型コロナウイルス感染症などは飛まつ感染で、ノロウイルスや食中毒を起こす細菌などは、接触感染ですが、飛まつ感染を起こすウイルスなどは、接触感染でも感染します。空気感染を起こすものとしては、水ぼうそうなどがあります。（▲）

「けい光ざい」で飛まつ感染の様子を見る ①

きりふきでけい光ざいを混ぜた水をふきかけて、くしゃみを再現

ブラックライト

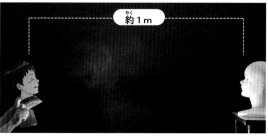

約1m

【出典】
2015年12月8日号
「飛まつ」から感染するインフルエンザ

【ファイル名】
6_byoukiフォルダ
→01himatsu.pptx
→スライド2

　ブラックライトを当てると光る蛍光剤を混ぜた水を飛まつに見立てて、くしゃみが出たときのように、約1m離れた人形に向けて霧吹きで吹きかけます。（▲）

「けい光ざい」で飛まつ感染の様子を見る ②

ブラックライトを当てると　　**インフルエンザに感染している場合**

インフルエンザにかかっている人

約1m

つばのしぶき

ウイルス

【出典】
2015年12月8日号
「飛まつ」から感染するインフルエンザ
2017年12月8日号
ウイルスの感染拡大を防ぐ「せきエチケット」

【ファイル名】
6_byoukiフォルダ
→01himatsu.pptx
→スライド3

　人形には、何もついていないように見えますが、ブラックライトを当てると（▲）たくさんのしぶきがついていました。（▲）インフルエンザにかかっている人が飛ばす飛まつ（つばのしぶき）にはウイルスが入っていることがあり、くしゃみなどで、ほかの人に感染させることがあります。

マスクの種類と特ちょう

布（ガーゼ）マスク	ウレタンマスク	不織布マスク

洗って数回使えますが、不織布よりもすき間があるため、感染症対策にはあまり向いていません。

空気を通りやすくして、不快感をおさえていますが、すき間が多く、感染症対策には向きません。

布マスクなどよりもすき間が少なく、感染症対策には有効ですが、1日使ったら交かんします。

【出典】
2022年11月18日号
不織布マスクのつけ方・外し方

【ファイル名】
6_byoukiフォルダ
→02mask.pptx
→スライド1

マスクには、布マスクやウレタンマスク、不織布マスクなどがありますが、ウイルスによる感染症の流行時に、ほかの人に感染させるのを防いだり、感染するのを防いだりするには、不織布マスクが有効です。（▲）

不織布マスクの効果を見る実験 ①

色づけした水を「飛まつ」に見立てて、不織布マスクにふきかけると

【出典】
2010年10月28日号
かぜやインフルエンザの感染を予防してくれる「不織布マスク」の効果

【ファイル名】
6_byoukiフォルダ
→02mask.pptx
→スライド2

色づけした水を、せきやくしゃみなどで出る、かぜやインフルエンザの病原体が入っている「飛まつ」（つばのしぶき）に見立てて、不織布マスクに吹きかけてみます。（▲）

不織布マスクの効果を見る実験 ②

不織布マスクの構造

色づけした水をふきかけた不織布マスクを分解すると

①外側	②真ん中	③内側（口側）

【出典】
2010年10月28日号
かぜやインフルエンザの感染を予防してくれる「不織布マスク」の効果

【ファイル名】
6_byoukiフォルダ
→02mask.pptx
→スライド3

不織布マスクは、「不織布」と呼ばれる無数の繊維が複雑に絡み合っている布が、3枚程度重なってできています。（▲）色づけした水を吹きかけた不織布マスクを分解すると、外側と真ん中の不織布には色づけした水がついていましたが、口に最も近い内側にはついていませんでした。実際の「飛まつ」でも、マスクの内側まで入るのを大幅に抑えてくれます。（▲）

かんそうも防いでくれるマスク

自分のはき出した息がマスクの中でこもって水分になります。

↓

マスクの中でこもった水分で、病原体やよごれを体の外に出す「線毛」をかんそうから守ります。

【出典】
2010年10月28日号
かぜやインフルエンザの感染を予防してくれる「不織布マスク」の効果

【ファイル名】
6_byoukiフォルダ
→02mask.pptx
→スライド4

さらに、自分が吐き出した息がマスクの中でこもって水分になり、病原体や汚れを体の外に出す働きをする喉の「線毛」を乾燥から守ってくれます。

わきの下で測る体温計の正しい使い方

① わきのあせをふき取って、体温計を下から差し入れる

② わきをしっかりと閉じ、音が鳴るまでじっと待つ

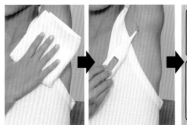

体温計が体に対して約30度ななめになるようにする

体温計を差し入れたほうのうでを、反対の手で軽くおさえる

【出典】
2021年4月8日号
体温計を正しく使って健康状態を調べよう

【ファイル名】
6_byoukiフォルダ
→03taion.pptx
→スライド1

脇をしっかりと閉じて測ると、実際の体の中の温度に近い状態にできるため、体温計の先にある温度を測る部分を、脇のくぼんだ部分にしっかりと当てて、外の空気にできるだけ触れないようにします。（▲）

自分の健康なときの体温「平熱」を知っておこう

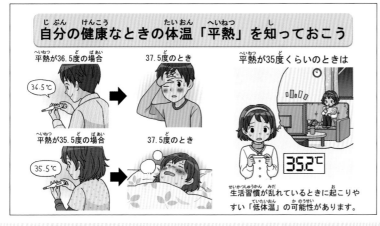

平熱が36.5度の場合

36.5℃

37.5度のとき

平熱が35.5度の場合

35.5℃

37.5度のとき

平熱が35度くらいのときは

35.2℃

生活習慣が乱れているときに起こりやすい「低体温」の可能性があります。

【出典】
2013年12月8日号
体温を測って、自分の「平熱」を知ろう
2021年4月8日号
体温計を正しく使って健康状態を調べよう

【ファイル名】
6_byoukiフォルダ
→03taion.pptx
→スライド2

健康なときの体温「平熱」は人によって違うため、同じ体温でも症状や感じ方に違いが出ることがあります。いつも使っている体温計で健康なときに体温を測って平熱を知っておきましょう。
（▲）また、平熱が35度くらいのときは、生活習慣が乱れているときに起こりやすい「低体温」と呼ばれる状態です。睡眠などの生活習慣を見直してみましょう。（▲）

平熱を測るときの注意点

1日に何回か測り、平均を出す

体温は朝は低く、日中に高くなり、1日の間で変化します。

入浴後や食事後、運動後はさける

入浴後や食事後、運動後は体温が高くなるため、平熱とはちがってしまいます。

【出典】
2013年12月8日号
体温を測って、自分の「平熱」を知ろう

【ファイル名】
6_byoukiフォルダ
→03taion.pptx
→スライド3

体温は朝は低く、日中に高くなるので、平熱を測るときは、1日に何回か測り、その平均を出します。また、入浴後や食事後、運動後に測るのは避けましょう。

線毛がある場所

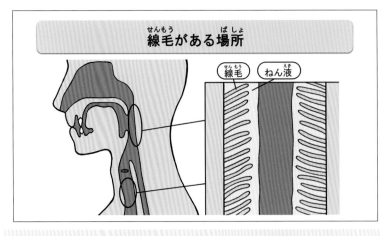

線毛　ねん液

【出典】
2014年1月8日号
鼻やのどのおくにある「線毛」

【ファイル名】
6_byoukiフォルダ
→04senmou.pptx
→スライド1

鼻や喉の奥には、(▲)「線毛」と呼ばれる毛のようなものがたくさん生えていて、「粘液」という液体に浸されています。(▲)

鼻のおくやのどにウイルスや細菌が入ると

【出典】
2014年1月8日号
鼻やのどのおくにある「線毛」

【ファイル名】
6_byoukiフォルダ
→04senmou.pptx
→スライド2

鼻や喉の奥にウイルスや細菌が入ると、(▲) 線毛が動き、粘液に川のような流れができて、(▲) せきなどで体の外に出してくれます。(▲)

線毛の弱点は「かんそう」

通常の線毛とねん液　　　　　のどがかんそうすると

ウイルス・細菌など　　ねん液

線毛

のど（線毛）をかんそうから守るには
・こまめな水分補給　・室内の加しつ　・鼻呼吸　・マスクの着用　など

【出典】
2023年12月8日号
ウイルスや細菌などを
体から出す「線毛」

【ファイル名】
6_byoukiフォルダ
→04senmou.pptx
→スライド3

　　線毛の弱点は乾燥です。（▲）喉が乾燥すると、粘液が減り、線毛の動きも弱まって、ウイルスなどが体に入りやすくなります。（▲）こまめな水分補給や加湿などをして、喉を乾燥から守り、線毛がきちんと動くようにしましょう。

模型で見るインフルエンザウイルスのつくり

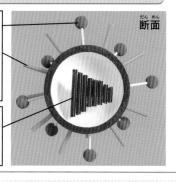

断面

スパイク
ウイルスの表面にあるとっ起物（とげのようなもの）で、HA（ヘマグルチニン）とNA（ノイラミニダーゼ）の2種類があります。

RNA
ウイルスの中にあるインフルエンザウイルスの情報が入った部分です。

☆

【出典】
2019年11月18日号
インフルエンザウイルスのつくりと感染経路

【ファイル名】
6_byoukiフォルダ
→05influ.pptx
→スライド1

　　インフルエンザウイルスは、（▲）体の中に入ると表面にあるスパイクによって、体の細胞の内部に入り込みます。そして、（▲）ウイルスの中にあるRNAに入ったインフルエンザウイルスの情報をコピーすることで、細胞の中でウイルスの数を増やしていきます。（▲）

インフルエンザとかぜのちがい

インフルエンザにかかると

38度以上の高熱　　筋肉痛・関節痛

激しい頭痛　　強い寒気

・激しいせき
・くしゃみ
・のどの痛み
・肺炎　など

かぜにかかると

37度程度の発熱　　鼻炎（鼻水・鼻づまり）

頭痛　　せき・くしゃみ

・軽い寒気
・のどの痛み
・おなかの
　不調　など

【出典】
2011年10月8日号
「インフルエンザ」と
「かぜ」のちがい

【ファイル名】
6_byoukiフォルダ
→05influ.pptx
→スライド2

　　インフルエンザにかかると、38度以上の高熱、筋肉や関節の強い痛み、激しい頭痛やせきなどの症状が急に起こります。（▲）かぜの場合、原因となるウイルスは多くの種類がありますが、症状はインフルエンザと比べると軽いのが共通の特徴です。

ノロウイルスが増えていく仕組み

【出典】
2018年11月18日号
「ノロウイルス」の特ちょうと予防法

【ファイル名】
6_byoukiフォルダ
→06noro.pptx
→スライド1

ノロウイルスは、体の中に入ると腸の中で増え、出したうんち1g中には約1億個もいます。そのため、（▲）トイレの水を流すときに飛び散る水しぶきにもウイルスが含まれていて、見た目ではわからなくてもトイレの周囲についていることがあります。（▲）

ノロウイルスの感染を予防するには

【出典】
2015年11月28日号
冬の食中毒「ノロウイルス」を予防しよう

【ファイル名】
6_byoukiフォルダ
→06noro.pptx
→スライド2

トイレの後や食事の前、外から帰ったときなどは、石けんで手を洗いましょう。（▲）規則正しい生活をして、免疫力を高めることも大切です。（▲）また、嘔吐物から感染することがあるので、近づかないようにしましょう。（▲）

ノロウイルスの感染を広げないために

【出典】
2015年11月28日号
冬の食中毒「ノロウイルス」を予防しよう

【ファイル名】
6_byoukiフォルダ
→06noro.pptx
→スライド3

学校で気持ちが悪くなったり、おなかが痛くなったりしたら、無理をせず、早めに先生に伝えましょう。無理をすると、体調が悪くなるだけではなく、ノロウイルスの感染を広げてしまうことがあります。（▲）家で吐いたり、下痢をしたりしたら、学校は休むようにしましょう。

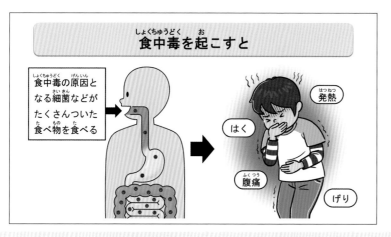

食中毒を起こすと

食中毒の原因となる細菌などがたくさんついた食べ物を食べる

発熱

はく

腹痛

げり

【出典】
2021年5月28日号
夏場に増える細菌による食中毒を防ごう

【ファイル名】
6_byoukiフォルダ
→07tyudoku.pptx
→スライド1

食中毒は、原因となる細菌やウイルスなどがたくさんついた食べ物や飲み物を食べて起こる、発熱や腹痛、下痢などの症状が出る病気のことです。（▲）

食中毒の原因となる細菌と食べ物の例

カンピロバクター	腸管出血性大腸菌	ウエルシュ菌	サルモネラ
中まで十分に火が通っていない焼き鳥などのとり肉料理 など	十分に火が通っていないハンバーグなどの牛肉料理 など	前日に作り、室温に放置したカレー など	室温に放置した生または加熱不十分な卵 など

【出典】
2021年5月28日号
夏場に増える細菌による食中毒を防ごう

【ファイル名】
6_byoukiフォルダ
→07tyudoku.pptx
→スライド2

さまざまな細菌やウイルスが食中毒を起こす原因となります。細菌やウイルスによって増えやすい食べ物も違います。（▲）

食中毒予防のための3原則

菌をつけない

菌を増やさない

菌をやっつける

調理の前や食べる前にしっかりと手を洗い、食材や調理器具も十分に洗います。

作った料理は早めに食べます。残ったらすぐに冷蔵庫や冷とう庫に入れます。

細菌は、熱に弱いものが多いので、調理のときは、中まで十分に火を通します。

【出典】
2021年5月28日号
夏場に増える細菌による食中毒を防ごう

【ファイル名】
6_byoukiフォルダ
→07tyudoku.pptx
→スライド3

食中毒を起こさないために、（▲）菌を「つけない」、（▲）「増やさない」、（▲）「やっつける」という3原則を守りましょう。

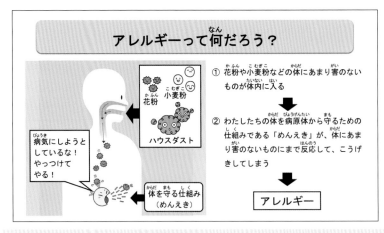

【出典】
2014年5月8日号
アレルギーって何だ
ろう？

【ファイル名】
6_byouki フォルダ
→08allergy.pptx
→スライド1

　私たちの体には、病気の原因となる細菌やウイルスが体に入ったとき、それを攻撃してやっつける「免疫」という仕組みがあります。この仕組みが、小麦粉などの体にあまり害のないものが体内に入ったときにも、（▲）反応して攻撃してしまうのが「アレルギー」です。（▲）

【出典】
2014年5月8日号
アレルギーって何だ
ろう？

【ファイル名】
6_byouki フォルダ
→08allergy.pptx
→スライド2

　アレルギーを起こす原因には、食品、花粉や昆虫、ハウスダスト、薬品など、さまざまなものがあります。（▲）

【出典】
2014年7月8日号
「食物アレルギー」を
理解しよう

【ファイル名】
6_byouki フォルダ
→08allergy.pptx
→スライド3

　小麦や乳製品、卵などの特定の食品を食べたり、触れたりすることで、体の免疫が反応して、具合が悪くなり、吐いたり、呼吸が苦しくなったりするなどの症状が出るのが「食物アレルギー」です。（▲）

食物アレルギーによって起こる症状

・皮ふが赤くなってはれる
・かゆみが出る
・くちびるがはれる

・はき気がする
・はく（おうと）
・腹痛

・せきが出る

・呼吸が苦しくなる
・意識を失う

【出典】
2014年7月8日号
「食物アレルギー」を
理解しよう

【ファイル名】
6_byoukiフォルダ
→08allergy.pptx
→スライド4

食物アレルギーを起こすと、皮膚が赤く腫れたり、かゆみが出たり、吐いたり、せきが出たり、呼吸が苦しくなったりします。（▲）

食物アレルギーと好ききらいのちがい

食物アレルギー

好ききらい

気持ちが悪い……

食べると口が痛くなったり、気持ちが悪くなったりする

まずい……

味やにおいが苦手

【出典】
2014年7月8日号
「食物アレルギー」を
理解しよう

【ファイル名】
6_byoukiフォルダ
→08allergy.pptx
→スライド5

食物アレルギーと好き嫌いは違います。食べた後に具合が悪くなる食べ物があるときは、「食物アレルギー」の疑いがあるので、おうちの人に伝えて、病院で診てもらいましょう。（▲）

食物アレルギーを持つ友だちがいるときは

食べ物を交かんしない

給食などの食事はこぼさないようにする

あげる〜

ちょっとまって！

【出典】
2014年7月8日号
「食物アレルギー」を
理解しよう

【ファイル名】
6_byoukiフォルダ
→08allergy.pptx
→スライド6

食物アレルギーを持つ友だちがいるときは、遠足などのとき、弁当やおやつにアレルギーを起こす食品が入っている場合があるため、交換するのはやめましょう。また、飛び散った牛乳に触れたり、パンのかけらが口に入ったりすることで、症状が出ることがあるので、給食などの食事はこぼさないように行儀よく食べましょう。（▲）

命にも関わる「アナフィラキシー」①

アレルギーの原因となる食品を食べる（飲む）

- 小麦製品（パン、スパゲッティ、うどんなど）
- 牛乳・乳製品（チーズ、バター、生クリームなど）・そば
- 卵・カニ、エビ・ピーナッツ
- くるみ・カシューナッツ
- 果物（キウイフルーツ、バナナなど）
- 魚（サケ、サバなど）　など

ハチにさされる

【出典】
2014年9月8日号
命にもかかわる「アナフィラキシー」

【ファイル名】
6_byoukiフォルダ
→08allergy.pptx
→スライド7

　　小麦製品や牛乳、卵などを食べたり、皮膚についたりしたときや、（▲）ハチに刺された後で、アレルギーの症状が出ることがあります。（▲）

命にも関わる「アナフィラキシー」②

- じんましん
- 強いかゆみ
- まぶたやくちびるがはれる

- 激しいせき
- 息苦しくなる

- 腹痛
- おうと
- げり　など

全身にわたってアレルギーの症状が出る
➡ アナフィラキシー

アナフィラキシーの中で
いちばん症状が危険な状態

アナフィラキシーショック

- 呼吸困難
- 意識がはっきりしない　など

　　アレルギーが出たときに、じんましんや強いかゆみ、激しいせきや腹痛、嘔吐、下痢など、全身にわたってアレルギーの症状が出ることを、「アナフィラキシー」と呼びます。そして、（▲）呼吸が困難になって意識を失うなど、アナフィラキシーの中で、一番症状が危険な状態を、「アナフィラキシーショック」と呼びます。（▲）

学校で友だちがアレルギーの症状を起こしたら

先生！

119

【出典】
2014年9月8日号
命にもかかわる「アナフィラキシー」

【ファイル名】
6_byoukiフォルダ
→08allergy.pptx
→スライド9

　　アナフィラキシー（アナフィラキシーショック）を起こさないためには、学校で友だちがひとつでもアレルギーの症状を起こしたら、すぐに先生に知らせて、適切な対応をしてもらい、病院で診てもらいます。（▲）

運動後にアナフィラキシーを起こすことも

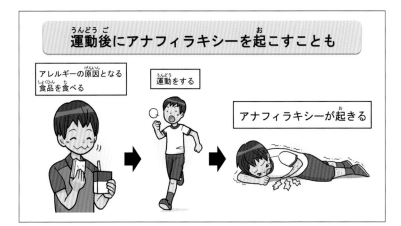

アレルギーの原因となる食品を食べる → 運動をする → アナフィラキシーが起きる

【出典】
2014年9月8日号
命にもかかわる「アナフィラキシー」

【ファイル名】
6_byoukiフォルダ
→08allergy.pptx
→スライド10

アレルギーの原因となる食品を食べて、運動をした後に、（▲）アナフィラキシーを起こすことがあるので、注意が必要です。

エピペン® の使い方 ①

① エピペン®をケースから取り出し、安全キャップを外す

カバーキャップ　安全キャップ

応援の要請も忘れずに

【出典】
2014年11月8日号
教職員指導用 エピペン®の使い方

【ファイル名】
6_byoukiフォルダ
→09epi.pptx
→スライド1

エピペン®はアナフィラキシー出現時の補助治療薬です。使うときは、まず、携帯用のカバーキャップを指で押し上げて、エピペン®を取り出し、青色の安全キャップを外してロックを解除します。また、（▲）エピペン®を使うときは、応援を要請し、子どもを押さえてもらったり、保護者への連絡やAEDの準備、119番への通報をしてもらったりします。（▲）

エピペン® の使い方 ②

② エピペン®の中心をしっかりと握り、注射する

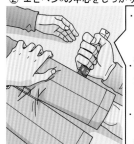

・オレンジ色のニードルカバーを下に向け、利き手でしっかりと握る
↓
・太ももの中心から外側あたりに、カチッと音がするまで押し当てる
・エピペン®を太ももに押し当てたまま、3秒間待ってから抜く

③ 注射できたかを確認する

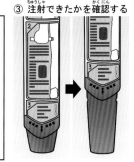

【出典】
2014年11月8日号
教職員指導用 エピペン®の使い方

【ファイル名】
6_byoukiフォルダ
→09epi.pptx
→スライド2

子どもが暴れないように押さえ、エピペン®を太ももの外側に垂直になるような形で打ちます。打った後は、（▲）オレンジ色の先端部が出たかどうかを確認します。先端部が伸びていない場合は、注射ができていないので、やり直します。

アトピー性皮ふ炎とは

症状
・体の各所（額、目の周り、首、おなか、ひじ、手首、ひざの裏や下など）の皮ふがかんそうする
・かゆくなる
・赤い発しんが出る

体質によるものなので、ほかの人にうつることはありません。

悪化させないためには
・あせをかいたら、しっかりとふく（洗う）
・かゆみを感じにくい素材の服（綿100％の服、皮ふをこすらずに着られる前開きの服など）を着る
・必要に応じて薬をぬる（ぬってもらう）

【出典】
2015年1月8日号
さまざまな原因で起こるアレルギー

【ファイル名】
6_byoukiフォルダ
→10atpizen.pptx
→スライド1

　　ほこりやカビ、動物の毛、汗、体質などが原因で、かゆみやせきなどのアレルギー症状を引き起こすことがあります。アトピー性皮膚炎の場合、皮膚がかさかさになって、かゆみを生じます。（▲）

気管支ぜんそくとは

症状
・せきが止まらない
・「ぜーぜー」「ひゅーひゅー」といった呼吸になる
・息苦しくなる

せきが出始めたら、がまんせずに、先生や周りの人に伝えましょう。

悪化させないためには
・運動前にはしっかりと準備運動をする
・そうじをするときは、なるべくほこりにふれないようにする
・必要に応じてマスクをつける

【出典】
2015年1月8日号
さまざまな原因で起こるアレルギー

【ファイル名】
6_byoukiフォルダ
→10atpizen.pptx
→スライド2

　　気管支ぜんそくの場合、せきが連続して出て、息苦しくなります。アトピー性皮膚炎も気管支ぜんそくも、悪化させないように注意するべきことを守っていれば、楽しい学校生活を送ることができます。

花粉症の原因となる花粉と症状

スギ（春）　ヒノキ（春）　カモガヤ（春）　ブタクサ（秋）　ヨモギ（秋）　ハンノキ（秋）

花粉症の原因となる花粉が体内に入る

くしゃみ　鼻水　鼻づまり　せき　頭痛　目のかゆみ　び熱　顔のはれ

【出典】
2015年3月8日号
くしゃみ・鼻水などが続く「花粉症」

【ファイル名】
6_byoukiフォルダ
→11kafun.pptx
→スライド1

　　花粉症は、スギやヒノキなどの花粉が体内に入ることで起こるアレルギーで、（▲）鼻水・鼻づまり・目のかゆみなどの症状が現れます。ひどくなると眠れなくなり、次の日の勉強や運動に集中できなくなります。（▲）

花粉症とかぜのちがい

花粉症		
くしゃみ	一度に10回以上出ることがあり、何日も続く	
目のかゆみ あり	鼻づまり 何日も続く	
鼻水 とう明でさらさらしている		
熱 び熱が出ることがある	のど かゆくなることがある	

かぜ		
くしゃみ	最初の数日の間、3～4回続くことがある	
目のかゆみ なし	鼻づまり 数日で治る	
鼻水 さらさらしたものから、黄色くてねばりのある鼻水に変わる		
熱 高熱が出ることがある	のど 痛くなることがある	

【出典】
2012年2月28日号
知っておこう"花粉症"と"かぜ"のちがい

【ファイル名】
6_byoukiフォルダ
→11kafun.pptx
→スライド2

かぜの症状と似ていますが、目のかゆみや鼻水の色などで違いがあります。花粉症の場合は、原因となる花粉が飛んでいる間はずっと症状が続くのも特徴です。（▲）

花粉症を悪化させないためには

つばの広いぼうし
眼鏡
マスク
すべすべした素材の服
花粉がかみの毛や顔にふれないような服装で出かけましょう。

室内に入る前に花粉をはらいます。

部屋のかん気やそうじは花粉の少ない時間帯に行いましょう。

【出典】
2015年3月8日号
くしゃみ・鼻水などが続く「花粉症」

【ファイル名】
6_byoukiフォルダ
→11kafun.pptx
→スライド3

花粉症の症状が出ているときの外出は、花粉に顔などが触れない服装で出かけて、（▲）帰ってきたら衣服についた花粉を払い、室内に持ち込まないようにしましょう。

清りょう飲料500mLの砂糖の量

炭酸飲料
約55.5g
（角砂糖15個分）

果じゅう入り飲料
約54.5g
（角砂糖14.7個分）

スポーツ飲料
約31g
（角砂糖8.4個分）

麦茶　0g

原砂糖の量は『小学保健ニュース』制作時に編集室にて測定したものです。角砂糖は「1個=3.7g」で換算しています。

【出典】
2021年6月28日号
あまい清涼飲料の飲み過ぎに注意

【ファイル名】
6_byoukiフォルダ
→12sugar.pptx
→スライド1

500mLのペットボトルに入った炭酸飲料や果汁入り飲料（ジュース）、スポーツ飲料に入っている砂糖の量を角砂糖で示します（▲）。WHO（世界保健機関）が示している、健康を保つために子どもが1日にとれる砂糖の限度は、夕食などに含まれる砂糖なども含めて約50gで、500mLペットボトル1本で超えてしまっている清涼飲料もあります。（▲）

清りょう飲料を飲み過ぎると

砂糖のとり過ぎでかかりやすくなる病気

脳
脳こうそく、脳卒中

歯
むし歯、歯周病（歯肉炎・歯周炎）

内臓・血管など
肥満、Ⅱ型糖尿病、心臓病、動脈こう化、
ペットボトル症候群 など

【出典】
2010年7月18日号
糖分が多く入っている
「清涼飲料」
2021年6月28日号
あまい清涼飲料の飲み
過ぎに注意

【ファイル名】
6_byoukiフォルダ
→12sugar.pptx
→スライド2

　　清涼飲料は糖分が多く、飲み過ぎると、食欲を低下させて、暑い時季の場合、夏バテの原因になります。また、多量に砂糖が入ることで、急に体調不良を起こす「ペットボトル症候群」になったり、将来重い病気の原因になったりすることもあります。（▲）

砂糖のとり過ぎを防ぐには

砂糖が入っていない
飲み物で水分補給

麦茶　　水

間食を見直す

清涼飲料をコップに移して飲む量をおさえる

食べ物や飲み物を見直す

ジュース　クッキー　→　麦茶　せんべい

【出典】
2021年6月28日号
あまい清涼飲料の飲み
過ぎに注意

【ファイル名】
6_byoukiフォルダ
→12sugar.pptx
→スライド3

　　熱中症などを防ぐために水分を補給するときは、水や麦茶などといった砂糖が入っていない飲み物をとりましょう。また、清涼飲料をコップに移して飲んだり、清涼飲料や砂糖が入ったお菓子を食べた翌日は、砂糖が入っていないものを食べたりするなど、間食を見直してみましょう。

どうして「しぼう」が血管にたまるの？

正常な血管の断面

運動をせずに、しぼうをとり過ぎていると

しぼうがたまった
血管の断面

しぼう

【出典】
2012年12月8日号
血管にたまり、血液の流れを悪くする「しぼう」

【ファイル名】
6_byoukiフォルダ
→13shibou.pptx
→スライド1

　　運動をせずに、脂肪をとり過ぎていると、血液中に脂肪が増えて血管につき、血液の流れる部分が狭くなって、血液の流れが悪くなります。（▲）

しぼうが血管にたまるとどうなるの？

心臓病　　　　　　　　　　脳こうそく

【出典】
2012年12月8日号
血管にたまり、血液の流れを悪くする「しぼう」

【ファイル名】
6_byouki フォルダ
→13shibou.pptx
→スライド2

　　心臓や脳の血管で脂肪がたまって、血液の流れが悪くなると、心臓病や脳こうそくなどの重い病気になることがあります。食事の中で脂肪のとり過ぎを抑え、毎日運動をして、血管に脂肪がたまらないようにしましょう。

がんにかかる仕組み

体の中で毎日つくられる正常な細ぼう

まちがってがん細ぼうができる

がん細ぼうが増えて、病気の「がん」になる

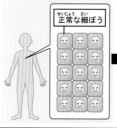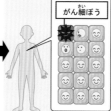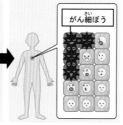

【出典】
2013年8月28日号
「がん」ってどんな病気なの？

【ファイル名】
6_byouki フォルダ
→14gan.pptx
→スライド1

　　私たちの体は「細胞」と呼ばれる小さなものが60兆個も集まってできています。（▲）この細胞が、新しい細胞と入れ替わる中で、間違ってできるのが「がん細胞」です。体内にがん細胞を修復する働きもありますが、修復しきれないと、（▲）どんどんがん細胞が増えて体を弱らせ、病気の「がん」になります。（▲）

がんになる原因となるもの

・タバコのけむり
・アルコール
・塩分のとり過ぎ
・果物、野菜不足
・運動不足
・肥満、やせ過ぎ
・ウイルスによる感染
　（子宮けいがん、胃
　がん、かん臓がん）
　　　　　　　　など

【出典】
2013年8月28日号
「がん」ってどんな病気なの？

【ファイル名】
6_byouki フォルダ
→14gan.pptx
→スライド2

　　がんになる原因となるタバコの煙などを避けて、毎日栄養バランスのよい食事をとり、適度な運動をすることなどが、細胞を修復する働きを高め、がん予防につながります。

歯の中の様子を見てみると

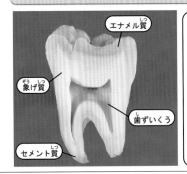

エナメル質

象げ質

歯ずいくう

セメント質

エナメル質のこう度

こう度：もののかたさを数字であらわ
したもの（大きいほどかたい）

ダイヤモンド＝10

歯（エナメル質）＝7

鉄＝4

【出典】
2018年10月28日号
断面から見る私たちの
歯のつくり

【ファイル名】
6_byoukiフォルダ
→15shika.pptx
→スライド1

歯は外に出ている部分はエナメル質、歯肉に隠れている根元はセメント質で覆われていて、その内側に象牙質や血管、神経が入っている歯髄腔があります。（▲）エナメル質は鉄よりも硬く、硬い食べ物でも、すりつぶして食べることができます。（▲）

包丁で見る「前歯」の役割

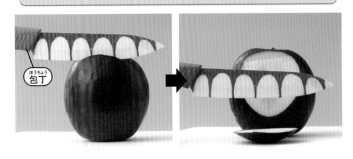

包丁

【出典】
2023年6月8日号
前歯・おく歯・犬歯の
形と役割

【ファイル名】
6_byoukiフォルダ
→15shika.pptx
→スライド2

前歯は、「切歯」とも呼ばれる歯で、口に入った食べ物を上下の歯で押さえて、包丁のように（▲）切断する（かみ切る）役割があります。（▲）

すりこぎ・すりばちで見る「おく歯」の役割

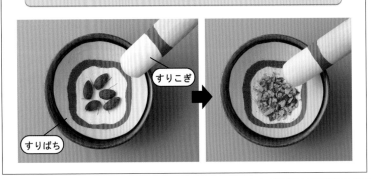

すりこぎ

すりばち

【出典】
2023年6月8日号
前歯・おく歯・犬歯の
形と役割

【ファイル名】
6_byoukiフォルダ
→15shika.pptx
→スライド3

奥歯のかみ合う面は凸凹していて、食べ物をよくかむ（かみ合わせる）中で、すりこぎとすりばちのようにして、（▲）すりつぶす役割があります。（▲）

前歯とおく歯でよくかんで食べよう

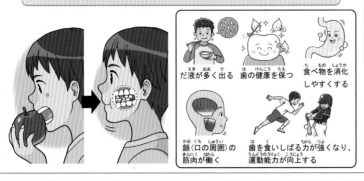

【出典】
2019年10月28日号
よくかんで食べる習慣
をつけよう
2023年6月8日号
前歯・おく歯・犬歯の
形と役割

【ファイル名】
6_byoukiフォルダ
→15shika.pptx
→スライド4

食事の中で、前歯で食べ物を押さえてかみ切って、かみ合う面が凸凹した大きい奥歯を使ってすりつぶしましょう。（▲）よくかんで食べることで、唾液が多く出て、歯の健康を保ち、食べ物を消化しやすくします。また、顔の筋肉の発達にもつながります。（▲）

包丁を歯に見立てて、りんごとケーキを切ると

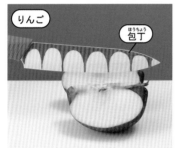

りんご

ケーキ

【出典】
2020年10月28日号
おやつに食べるもの
や食べ方を見直して
みよう

【ファイル名】
6_byoukiフォルダ
→15shika.pptx
→スライド5

歯に見立てた包丁でりんごとケーキを切ると、ケーキの方は、包丁にべっとりとクリームがつきました。ケーキなどの軟らかく、べたついたおやつを食べると、歯についてしまい、その中に含まれる砂糖とともに「汚れ」として、そのまま歯に残ってしまいます。（▲）

歯に砂糖が残っていると

【出典】
2020年10月28日号
おやつに食べるもの
や食べ方を見直して
みよう

【ファイル名】
6_byoukiフォルダ
→15shika.pptx
→スライド6

甘いおやつなどに含まれる砂糖が歯に残っていると、口の中にいる細菌が砂糖を食べて、歯こうとともに出す酸によって、歯が溶けてむし歯になります。（▲）特にダラダラと時間をかけて甘いものを食べていると、口の中の酸が強くなります。（▲）

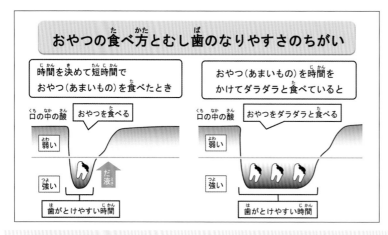

【出典】
2020年10月28日号
おやつに食べるものや食べ方を見直してみよう

【ファイル名】
6_byoukiフォルダ
→15shika.pptx
→スライド7

時間を決めて短時間で甘いものを食べたときは、口の中の砂糖が増えて細菌が酸をつくっても、唾液によって薄められて、酸が弱い状態に戻ります。（▲）一方で、時間をかけてダラダラと甘いものを食べると、口の中に強い酸が残り続け、歯が溶けてむし歯になりやすくなるのです。（▲）

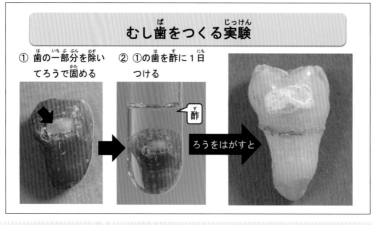

【出典】
2014年5月18日号
歯の表面がとけてできる「むし歯」

【ファイル名】
6_byoukiフォルダ
→15shika.pptx
→スライド8

一部分を除いてろうで固めた歯を酢に1日つけると、（▲）ろうで固めなかった部分だけ、酢に含まれる酸で歯の表面が溶けて、白く濁った色になりました。実際の口の中でも、細菌の出す酸で歯の表面が溶けてむし歯になり始めると、白く濁った色になります。（▲）

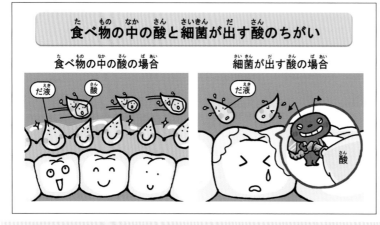

【出典】
2014年5月18日号
歯の表面がとけてできる「むし歯」

【ファイル名】
6_byoukiフォルダ
→15shika.pptx
→スライド9

酢などの食べ物に入っている酸の場合は、唾液が歯の表面を守り、酸を薄めることができます。しかし、（▲）細菌の場合、歯についた歯こうの中で酸を出すため、唾液が歯こうの中に届かず、歯に与える影響が大きくなって、むし歯へとつながります。

第 **7** 章

薬物乱用防止教育

　第7章では、薬物乱用防止教育を、くすり教育、喫煙、飲酒、薬物（ドラッグ）乱用の大きく4つに分けてスライドにしています。

　くすり教育や喫煙防止に関する指導では、『小学保健ニュース』に掲載した実験の写真をスライドにしています。

第7章の概要 （データはDVD-ROM内の「7_yakubutsu」フォルダ内にあります）

薬を飲むときの注意点
105〜106ページ
（01kusuri.pptx・スライド4枚）

エンドウ（マメ）で見るタバコの害
106ページ
（02t_zikken.pptx・スライド2枚）

タバコの有害物質について
107ページ
（03t_gai.pptx・スライド2枚）

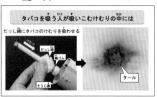

タバコの煙はどれくらい空気中に流れるの？
107ページ
（04fukuryu.pptx・スライド1枚）

副流煙が飛ぶ距離をタバコの本数であらわすと
108ページ
（05fukuryu2.pptx・スライド1枚）

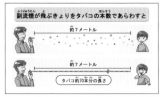

さまざまなところに残るタバコの有害物質
108ページ
（06sanji.pptx・スライド1枚）

こんなにもあるタバコの害
108ページ
（07t_karada.pptx・スライド1枚）

タバコの誘いの断り方
109ページ
（08t_kotowari1.pptx・スライド2枚）

さまざまなケースでのタバコの断り方
109ページ
（09t_kotowari2.pptx・スライド1枚）

アルコールが体内に入ると
110ページ
（10a_bunkai.pptx・スライド2枚）

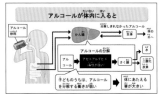

アルコールが体や脳に与える影響
110〜111ページ
（11a_gai.pptx・スライド2枚）

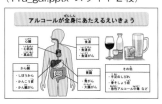

お酒を勧められる場面の例と断り方
111ページ
（12s_kotowari.pptx・スライド1枚）

薬物の害・断り方
111〜112ページ
（13yakubutsu.pptx・スライド3枚）

絶対に手を出してはいけない "危険ドラッグ"
112ページ
（14kiken.pptx・スライド1枚）

薬を飲むときの注意点

コップ1ぱいの水か
ぬるま湯で飲む

飲む時間と飲む回数、
1回に飲む量を守る

飲む前におうちの
人と相談する

【出典】
2011年7月18日号
薬を飲むときの大切
な「決まり」
2023年1月28日号
実験からわかる薬を
飲むときの注意点

【ファイル名】
7_yakubutsuフォルダ
→01kusuri.pptx
→スライド1

　カプセルや錠剤などの薬を飲むときには、コップ1杯の水かぬるま湯で飲み、薬が入った容器や説明書などに書かれている飲む時間と飲む回数、1回に飲む量を守りましょう。（▲）家にある薬を勝手に使わずに、飲む前におうちの人と相談することも大切です。（▲）

薬を水（ぬるま湯）以外の飲み物で飲むと ①

胃薬の成分のひとつである
「重そう」を両方に入れる

ジュースが薬の成分を変化
させ、あわ立った

水　ジュース　水　ジュース

【出典】
2011年7月18日号
薬を飲むときの大切
な「決まり」
2023年1月28日号
実験からわかる薬を
飲むときの注意点

【ファイル名】
7_yakubutsuフォルダ
→01kusuri.pptx
→スライド2

　水とグレープフルーツジュースに胃薬の成分のひとつである重曹を入れると、（▲）ジュースの方は、薬の成分を変化させて、泡立ちました。胃薬をグレープフルーツジュースで飲んだ場合でも体の中で同じことが起こり、効果が弱くなってしまうことがあります。（▲）

薬を水（ぬるま湯）以外の飲み物で飲むと ②

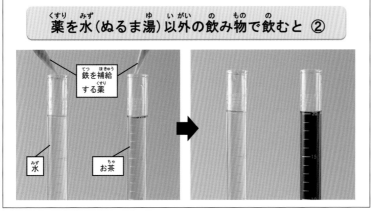

鉄を補給
する薬

水　お茶

【出典】
2023年1月28日号
実験からわかる薬を
飲むときの注意点

【ファイル名】
7_yakubutsuフォルダ
→01kusuri.pptx
→スライド3

　水とお茶に鉄を補給する薬を入れると、（▲）お茶の方だけ、薬の成分が変化して黒い色になりました。体の中でも薬の成分を変化させて、体内に薬を吸収しにくくしてしまいます。（▲）

少量の水で薬を飲むと

指先に少しだけ水をつけて、カプセルざいにさわると

食道

【出典】
2023年1月28日号
実験からわかる薬を飲むときの注意点

【ファイル名】
7_yakubutsuフォルダ
→01kusuri.pptx
→スライド4

　指先に少しだけ水をつけてカプセル剤に触ると、カプセル剤が指にはりつきます。カプセル剤を水なし（少量の水）で飲むと、指にはりついたのと同様に、（▲）喉や食道にはりついて溶けてしまい、痛みなどを起こすことがあります。

エンドウ（マメ）で見るタバコの害 ①

タバコの中身を取り出して、お湯にひたし、「タバコ液」をつくる

タバコ液

【出典】
2011年6月28日号
エンドウ（マメ）で見るタバコの害

【ファイル名】
7_yakubutsuフォルダ
→02t_zikken.pptx
→スライド1

　タバコの葉（中身）をピンセットで取り出して、お湯に浸し、タバコに入っている有害な成分をたくさん含んだ「タバコ液」をつくります。（▲）

エンドウ（マメ）で見るタバコの害 ②

水とタバコ液を混ぜたものと、水だけでエンドウ（マメ）を育てる

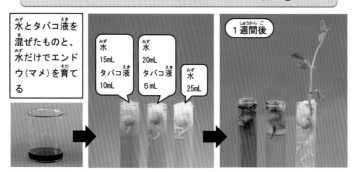

1週間後

水15mL タバコ液10mL
水20mL タバコ液5mL
水25mL

【出典】
2011年6月28日号
エンドウ（マメ）で見るタバコの害

【ファイル名】
7_yakubutsuフォルダ
→02t_zikken.pptx
→スライド2

　水とタバコの有害な成分を多く含んだタバコ液を混ぜたものと、水だけのものでエンドウ（マメ）を種から育ててみました。（▲）1週間後の様子を見ると、水だけで育てたものは芽や根が出ていて、成長していますが、タバコ液を混ぜた水で育てたものは、タバコに含まれる有害な化学物質によって、芽や根が成長せずに枯れてしまいました。

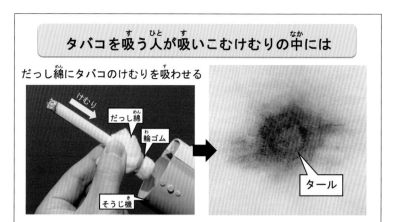

タバコを吸う人が吸いこむけむりの中には

だっし綿にタバコのけむりを吸わせる

けむり

だっし綿

輪ゴム

そうじ機

タール

【出典】
2015年3月8日号
タバコの三大有害物質
「タール」「ニコチン」
「一酸化炭素」

【ファイル名】
7_yakubutsuフォルダ
→03t_gai.pptx
→スライド1

　タバコを吸う人が体内に吸い込む煙を、脱脂綿を通して掃除機で吸い込むと、（▲）脱脂綿に黒いものがつきました。（▲）これは「タール」と呼ばれるタバコの煙に含まれる物質で、体内に入ると、口の中や肺、胃などについて、がんを引き起こす原因になります。（▲）

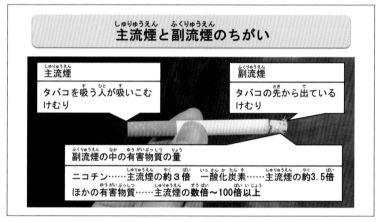

主流煙と副流煙のちがい

主流煙

タバコを吸う人が吸いこむけむり

副流煙

タバコの先から出ているけむり

副流煙の中の有害物質の量

ニコチン……主流煙の約3倍　一酸化炭素……主流煙の約3.5倍
ほかの有害物質……主流煙の数倍〜100倍以上

【出典】
2015年3月8日号
タバコの三大有害物質
「タール」「ニコチン」
「一酸化炭素」

【ファイル名】
7_yakubutsuフォルダ
→03t_gai.pptx
→スライド2

　タバコの煙には、タバコが吸う人が吸い込む「主流煙」と、（▲）タバコの先から出て、周りにいる人が吸い込む「副流煙」があります。（▲）副流煙の方がタバコの有害物質であるニコチンや一酸化炭素などの量が多く、タバコを吸うことで周りの人にも大きな害を与えてしまいます。

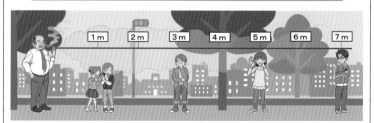

タバコのけむりはどれくらい空気中に流れるの？

1m　2m　3m　4m　5m　6m　7m

タバコのけむり（副流煙）は、風がふいていない状態でも、タバコから約7メートル先まで飛ぶとされています。

【出典】
2016年11月8日号
タバコを吸わない人にも害をあたえる「副流煙」

【ファイル名】
7_yakubutsuフォルダ
→04fukuryu.pptx
→スライド1

　タバコの先から出る煙「副流煙」は、風が吹いていない状態でも、（▲）タバコから約7m先まで飛ぶとされています。副流煙が体内に入ると、目や喉に痛みが出たり、将来、歯肉が黒ずんだり、脳や肺、心臓などの病気の原因になったりすることがあります。

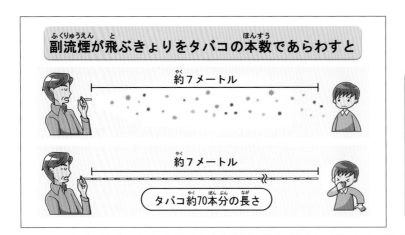

【出典】
2012年5月18日号
**時間がたっても残る
タバコの有害な物質**

【ファイル名】
7_yakubutsuフォルダ
→05fukuryu2.pptx
→スライド1

タバコの副流煙には、（▲）有害な物質がたくさん入っていて、煙が目に見えなくても、（▲）約7m先まで飛んでいます。（▲）これは、タバコ約70本分の長さまで、副流煙が飛んでいることになります。

☆

【出典】
2012年5月18日号
**時間がたっても残る
タバコの有害な物質**
2020年1月28日号
**タバコの副流煙が体に
あたえるえいきょう**

【ファイル名】
7_yakubutsuフォルダ
→06sanji.pptx
→スライド1

タバコから出る煙には、（▲）体に有害な物質がたくさん入っています。しかも、（▲）煙が見えなくなっても、（▲）有害な物質は、カーテンやじゅうたんなどについて残ります。しかも、（▲）残った有害物質は再び空気中に漂うので、それを吸い込むと、体に悪い影響を与えます。

【出典】
2014年2月8日号
**良いことがひとつも
ないタバコから身を
守りましょう**

【ファイル名】
7_yakubutsuフォルダ
→07t_karada.pptx
→スライド1

タバコは吸っている人の体にさまざまな害を与えます。しかも、周りの人の健康も損ねてしまいます。

タバコのさそいは、はっきりと断ろう

【出典】
2017年1月8日号
タバコのさそいは、
はっきりと断ろう

【ファイル名】
7_yakubutsuフォルダ
→08t_kotowari1.pptx
→スライド1

　タバコを勧められたときは、その場ですぐに断ることが大切です。（▲）弱気な態度で断ると、タバコを勧めた相手から強く誘われて、さらに断りづらくなる場合があります。（▲）

断り方を考えておこう

（断り方の例）
・一度吸ったらやめられなくなるから吸わないよ。
・法律で子どもは吸ってはいけないと決まっているので吸いません。
・背がのびにくくなるから吸いません。
・体力が落ちるので吸いません。

・きれいなはだや歯でいたいので吸いません。
・タバコのけむりは周りの人も傷つけるから吸いたくありません。
・ずっと健康でいたいから私は吸わないよ。
・頭がぼんやりして、成績も下がるかもしれないから、いりません。

【出典】
2017年1月8日号
タバコのさそいは、
はっきりと断ろう

【ファイル名】
7_yakubutsuフォルダ
→08t_kotowari1.pptx
→スライド2

　どんな状況でも、タバコの誘いをはっきりと断ることができるように、自分に合った断り方を考えて、覚えておきましょう。タバコの話題から話を変えるのもよいでしょう。

さまざまなケースで断り方を考えてみよう

「タバコは、格好いいよ」

タバコをがまんできないのは格好悪いよ。サッカーでがんばりたいから吸わないよ。

「やせられるよ」

ごはんやおやつがおいしくなくなるだけだよ。きれいなはだや歯でいたいから、吸いません。

「リラックスできるよ」

頭がぼんやりとするだけだよ。成績がよくなりたいから、ぼくは吸わない。

「みんな吸ってるよ」

いつまでも健康な体でいたいし、お金ももったいないから、私は吸わない。

【出典】
2014年2月8日号
良いことがひとつもないタバコから身を守りましょう

【ファイル名】
7_yakubutsuフォルダ
→09t_kotowari2.pptx
→スライド1

　さまざまな誘われ方に応じた断り方を考えておくとよいでしょう。

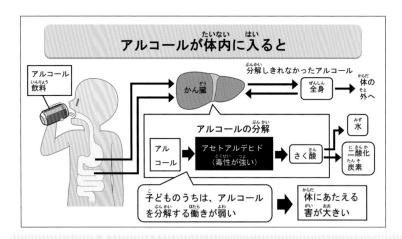

体の中に入ったアルコールは、胃や小腸で吸収され、肝臓に送られます。（▲）アルコールは、肝臓で、まず毒性の強いアセトアルデヒドに分解され、さらに、無害な酢酸に分解されます。（▲）その後、水や二酸化炭素に分解されて、尿などで体の外に出ます。（▲）分解しきれないと、アルコールやアセトアルデヒドが全身を巡ってしまい、体に害を与えます。（▲）子どものうちは、アルコールを分解する働きが弱く、体に与える害も大きくなります（▲）。

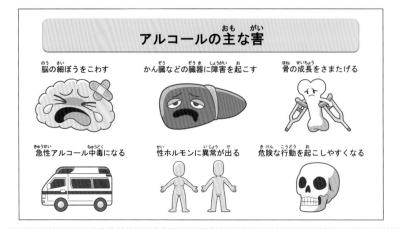

アルコール飲料を飲むと、肝臓で分解しきれなかったアルコールやアセトアルデヒドなどが、体にさまざまな害を与えます。

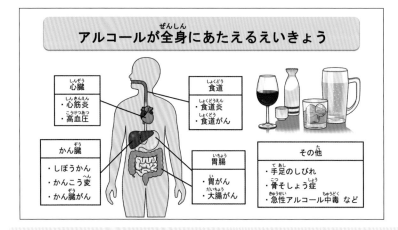

アルコールは、アルコールを無害なものに分解する働きを担っている肝臓を中心に、全身に悪い影響を与え、さまざまな病気の原因になります。（▲）

アルコールが脳にあたえるえいきょう

記おく力が低下する

感情がコントロールできなくなる

【出典】
2018年3月8日号
アルコールが脳にあたえるえいきょう

【ファイル名】
7_yakubutsuフォルダ
→11a_gai.pptx
→スライド2

　長い間、大量にお酒を飲み続けると、アルコールによって脳が縮んで、記憶や感情に関わる部分がきちんと働かなくなります。

お酒をすすめられる場面の例と断り方

久しぶりに会った親せきのおじさんからすすめられる

ずいぶん大きくなったなあ。どうだ、一ぱい。

クラブ活動の先ぱいからすすめられる

いいもの飲ませてやるよ。うまいぜ。

友だちの家にいるときに友だちにさそわれる

いつも飲んでるんだ。いっしょに、飲まない？

どんな場面ですすめられても「理由を伝えて」、「きっぱりと」断りましょう。

☆
【出典】
2023年12月18日号
お酒をすすめられたときの断り方
※「ほけん通信」を含む

【ファイル名】
7_yakubutsuフォルダ
→12s_kotowari.pptx.
→スライド1

　さまざまな場面でお酒を勧めてくる人がいるかもしれませんが、（▲）自分を守るために、理由を伝えて、きっぱりと断ることが大切です。いざというときに落ち着いて伝えられるように、普段から断り方を練習しておきましょう。

一度でも薬物を使用してしまうと

「一度だけなら」と思って、薬物を一度でも使用してしまうと……

一度使用するとやめるのが難しくなり、日常生活や友だちとの関係がこわれてしまいます。

さそわれたらその場できっぱりと断ることが大切です。

【出典】
2020年12月18日号
人間としての成長をさまたげる薬物

【ファイル名】
7_yakubutsuフォルダ
→13yakubutsu.pptx
→スライド1

　薬物は、一度使用してしまうと、脳に害を与えて、（▲）日常生活や友だちとの関係が壊れ、人としての成長を妨げてしまいます。後でとても後悔することになるので、（▲）誘われたらその場できっぱりと断ることが大切です。（▲）

こんなときは、薬物のさそいに注意しよう

なやみがあったり、さびしかったりして、仲間が欲しいとき

投げやりな気分になっていたり、むしゃくしゃしたりするとき

勉強やスポーツの成績を上げたいと、あせっているとき

【出典】
2020年12月18日号
人間としての成長を
さまたげる薬物

【ファイル名】
7_yakubutsuフォルダ
→13yakubutsu.pptx
→スライド2

薬物を勧める人は、悩みの相談に乗るふりをしたり、友だちのふりをしたりして近づいてきます。しかも、悩みや不安があったり、寂しさを感じていたりするときは、誘いを受け入れやすくなってしまうので、注意が必要です。(▲)

薬物のさそいの断り方

① きょりをとる
② きっぱりと断る
いりません！
③ その場を立ち去る

① 体をつかまれないように相手からきょりをとる
↓
② はっきりとした言葉で断る
↓
③ すぐにその場を立ち去る

【出典】
2020年12月18日号
人間としての成長を
さまたげる薬物

【ファイル名】
7_yakubutsuフォルダ
→13yakubutsu.pptx
→スライド3

薬物に誘われたときは、体をつかまれないように相手から距離をとり、(▲)はっきりとした言葉で断り、(▲)すぐにその場を立ち去ります。いざというときに落ち着いて断るために、普段から断る練習をしておきましょう。

絶対に手を出してはいけない"危険ドラッグ"

こんな言葉にだまされないで

やせられるよ
みんなやってるよ
1回だけならだいじょうぶだよ
ストレス解消になるよ
お金は後でいいよ
つかれがとれるよ

【出典】
2014年10月18日号
絶対に手を出してはいけない"危険ドラッグ"

【ファイル名】
7_yakubutsuフォルダ
→14kiken.pptx
→スライド1

危険ドラッグは、入浴剤やアロマオイルなどとして売られ、見た目には薬物だとわからないようになっていて、売る人はこちらが興味を持ちそうな言葉を巧みに使って誘ってきますが、(▲)はっきりと断りましょう。(▲)ときにはその場から逃げることも必要です。

第**8**章
さまざまな器官の働き

『小学保健ニュース』では、子どもが自分の体に関心を持てるように、目や耳、内臓、運動器など、体にあるさまざまな器官の働きを特集してきました。
　第8章では、こうした体の器官の働きについて、『小学保健ニュース』に掲載したイラストや写真をスライドにしました。

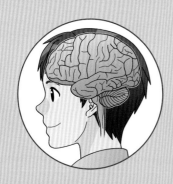
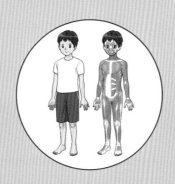
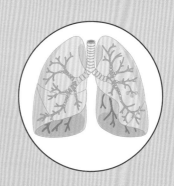

第8章の概要 （データはDVD-ROM内の「8_karada」フォルダ内にあります）

脳のつくりと働き
115ページ
（01nou.pptx・スライド3枚）

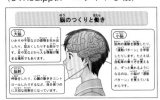

大脳皮質の働き
116ページ
（02dainou.pptx・スライド1枚）

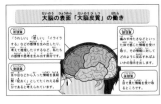

目の周囲にある器官・涙の働き
116〜117ページ
（03namida.pptx・スライド3枚）

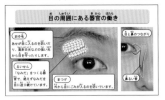

ものが見える仕組み
117ページ
（04mieru.pptx・スライド1枚）

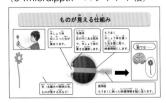

毛様体の働き
117ページ
（05mouyoutai.pptx・スライド1枚）

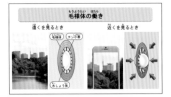

「近視」とは
118ページ
（06kinshi.pptx・スライド1枚）

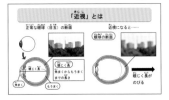

耳の器官の働き
118ページ
（07mimi.pptx・スライド2枚）

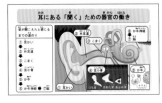

舌の働き・つくり
119ページ
（08shita.pptx・スライド2枚）

骨について
119〜120ページ
（09hone.pptx・スライド4枚）

筋肉について
121〜122ページ
（10kinniku.pptx・スライド5枚）

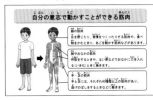

内臓の位置
122ページ
（11naizou.pptx・スライド1枚）

肺のつくり・働き
123ページ
（12hai.pptx・スライド2枚）

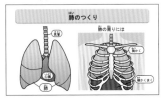

腹式呼吸の仕組み
123ページ
（13fukushiki.pptx・スライド1枚）

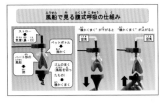

心臓のつくり
124ページ
（14shinzou.pptx・スライド1枚）

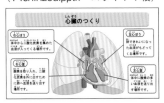

消化器（食道・胃・小腸・大腸など）の働き
124〜127ページ
（15shoukaki.pptx・スライド11枚）

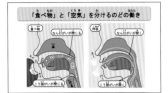

脳のつくりと働き

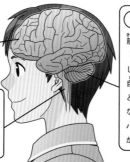

大脳
いかりや不安などの感情を生み出したり、記おくしたりする部分です。目や耳などから入る情報が集まる場所でもあります。

脳幹
呼吸をしたり、心臓の動きをコントロールしたりするなど、命を保つのに大切な役割をになっています。

小脳
筋肉の運動を調整したり、「運動パターン」を学習したりします。たとえば、自転車の乗り方を覚えると、ずっと乗れるようになるのは、小脳が「運動パターン」を覚えているからです。

【出典】
2015年5月8日号
脳はどんなつくりをしているの？

【ファイル名】
8_karadaフォルダ
→01nou.pptx
→スライド1

　脳は、大脳、（▲）小脳、（▲）脳幹の3つに大きく分けられます。脳の重さは大人だと1300gあり、その約80％は大脳です。また、脳幹は背骨の中にある「脊髄」と呼ばれる部分とつながっています。（▲）

上や正面から見た脳

上から見た脳

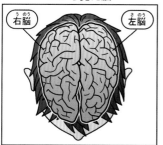

右脳　左脳

正面から見た脳

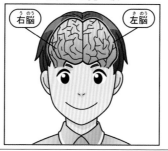

右脳　左脳

【出典】
2015年5月8日号
脳はどんなつくりをしているの？

【ファイル名】
8_karadaフォルダ
→01nou.pptx
→スライド2

　脳を上や正面から見るとわかるとおり、脳は左右に分かれていて、それぞれ「右脳」、「左脳」と呼ばれています。（▲）

脳の断面を見てみると

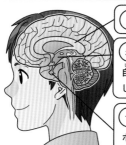

脳りょう　右脳と左脳をつないでいます。

視しょう下部
自律神経やホルモンが働くための指令を出し、体温などを調節します。

下垂体
ホルモンをつくったり、ほかの器官で出すホルモンの量を調節したりします。

【出典】
2015年5月8日号
脳はどんなつくりをしているの？

【ファイル名】
8_karadaフォルダ
→01nou.pptx
→スライド3

　脳の断面を見てみると、右脳と左脳をつなぐ脳りょう、（▲）自律神経などに指令を出す視床下部、（▲）ホルモンをつくり、量を調節する下垂体などがあります。ホルモンには、成長ホルモン、男性ホルモン、女性ホルモンなどがあり、私たちの体の成長や発達に欠かせません。

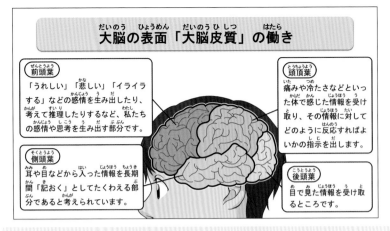

大脳の表面「大脳皮質」の働き

前頭葉
「うれしい」「悲しい」「イライラする」などの感情を生み出したり、考えて推理したりするなど、私たちの感情や思考を生み出す部分です。

頭頂葉
痛みや冷たさなどといった体で感じた情報を受け取り、その情報に対してどのように反応すればよいかの指示を出します。

側頭葉
耳や目などから入った情報を長期間「記おく」としてたくわえる部分であると考えられています。

後頭葉
目で見た情報を受け取るところです。

【出典】
2015年9月8日号
大脳皮質と海馬の働き

【ファイル名】
8_karadaフォルダ
→02dainou.pptx
→スライド1

大脳の中で特に発達しているのは、大脳の表面で「大脳皮質」といい、大脳皮質は（▲）前頭葉、（▲）頭頂葉、（▲）側頭葉、（▲）後頭葉の4つに大きく分けられます。

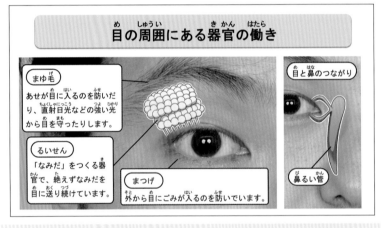

目の周囲にある器官の働き

まゆ毛
あせが目に入るのを防いだり、直射日光などの強い光から目を守ったりします。

るいせん
「なみだ」をつくる器官で、絶えずなみだを目に送り続けています。

まつげ
外から目にごみが入るのを防いでいます。

目と鼻のつながり

鼻るい管

【出典】
2012年9月18日号
「なみだ」はどこから出て、どこに行くの？
2021年9月18日号
目の周囲や目の中にある器官の働き

【ファイル名】
8_karadaフォルダ
→03namida.pptx
→スライド1

眉毛は汗が目の中に入るのを防ぎ、まつげは目の中にごみが入るのを防いでいます。また、目の上にある「涙腺」と呼ばれる器官で、涙は絶えずつくられ、目の表面を覆っています。涙は目の表面を乾燥から守り、目の中に入ったほこりやごみなどを洗い流し、さらに細菌の感染からも目を守ってくれます。（▲）また、目と鼻は鼻涙管でつながっていて、目を潤した涙は鼻に送られます。（▲）

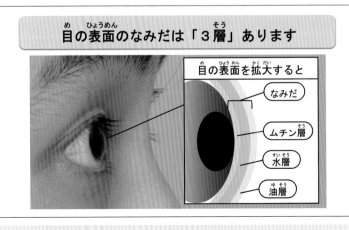

目の表面のなみだは「3層」あります

目の表面を拡大すると

- なみだ
- ムチン層
- 水層
- 油層

【出典】
2012年9月18日号
「なみだ」はどこから出て、どこに行くの？

【ファイル名】
8_karadaフォルダ
→03namida.pptx
→スライド2

涙は目の表面につくための粘り気があるムチン層、サラサラした水層、外側で目の乾きを守る油層の3層でできています。（▲）

目の表面がかわく ドライアイ

ドライアイの症状

つねに目にごみが
入ったように感じる

目が赤くなる
（じゅう血する）

けい帯ゲームのやり過ぎも原因

【出典】
2012年9月18日号
「なみだ」はどこから
出て、どこに行くの？

【ファイル名】
8_karadaフォルダ
→03namida.pptx
→スライド3

目の表面を覆う涙の3層が壊れると、目の表面が乾いて、「ドライアイ」になります。（▲）携帯ゲームなどの画面を集中して見続けていると、まばたきの回数が減り、目の表面の涙の量も減って、ドライアイになることがあります。

ものが見える仕組み

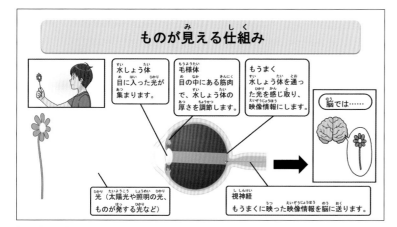

水しょう体
目に入った光が集まります。

毛様体
目の中にある筋肉で、水しょう体の厚さを調節します。

もうまく
水しょう体を通った光を感じ取り、映像情報にします。

脳では……

光（太陽光や照明の光、ものが発する光など）

視神経
もうまくに映った映像情報を脳に送ります。

【出典】
2022年7月8日号
ものが"見える"仕組み

【ファイル名】
8_karadaフォルダ
→04mieru.pptx
→スライド1

私たちが「もの」を見るとき、ものに当たって反射した太陽や照明などの光が眼球に入り、（▲）水晶体を通って網膜に届きます。網膜では光を感じ取り、映像情報にして脳に送ります。その情報を受け取って、脳は「もの」が見えたと感じます。

毛様体の働き

遠くを見るとき

毛様体 チン小帯

水しょう体

近くを見るとき

【出典】
2021年9月18日号
目（眼球）の中の様子
を見てみよう

【ファイル名】
8_karadaフォルダ
→05mouyoutai.pptx
→スライド1

遠くを見ているときは、（▲）目の中にある筋肉である毛様体が力を緩めて伸びるため、水晶体がチン小帯に引っ張られて薄くなっています。近くを見るときは、（▲）毛様体に力を入れて縮めて水晶体を厚くするため、目が疲れます。

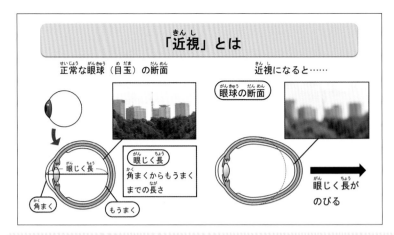

【出典】
2023年10月8日号
近視になるのを防ぐ効果がある「太陽の光」

【ファイル名】
8_karadaフォルダ
→06kinshi.pptx
→スライド1

　私たちの目の角膜から網膜までの長さである「眼軸長」が正常な場合、網膜にきちんとピントが合い、(▲) 遠くまではっきりと見ることができます。しかし、(▲) 眼軸長が伸びて長くなると、網膜にピントが合わず、(▲) 遠くがぼやけて見える近視の状態になります。

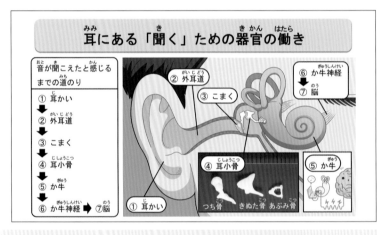

【出典】
2022年2月18日号
耳にある「聞く」ための器官の働き
2014年2月18日号
耳のおくにある「かたつむり管（か牛）」

【ファイル名】
8_karadaフォルダ
→07mimi.pptx
→スライド1

　音は、耳介から (▲) 外耳道を通り、(▲) 鼓膜を振動させ、(▲)「耳小骨」と呼ばれる小さい3つの骨で振動を大きくします。そして、(▲) か牛で振動を電気信号に変えて、(▲) か牛神経から脳へと伝わり、私たちは「音が聞こえた」と感じます。(▲)

【出典】
2022年2月18日号
「聞く」こと以外の耳の器官の働き
2014年2月18日号
耳のおくにある「かたつむり管（か牛）」

【ファイル名】
8_karadaフォルダ
→07mimi.pptx
→スライド2

　音を聞くことに関連する器官以外にも、耳の奥には、(▲) 体の傾きを感じ取ってバランスをとる前庭や、私たちが前や横などに回転するときにバランスをとる三半規管があります。また、(▲) 耳管で耳と鼻はつながっています。

舌の主な働き

食べ物を口の中で移動させる

食べ物

食べ物をのどへ送る

食べ物の味を感じる

すっぱー

ラララ～

舌の位置を変えて、音（声）を変化させる

舌

【出典】
2017年2月28日号
舌のつくりと働きについて知ろう

【ファイル名】
8_karadaフォルダ
→08shita.pptx
→スライド1

　舌は筋肉でできていて、自由に動かすことができ、食べ物をかみやすい場所に移動させたり、唾液と混ぜ、のみ込むために喉に送ったりします。また、（▲）甘味、塩味、酸味、苦味、うま味を感じ取ったり、（▲）唇や舌の位置を変えて、音（声）を変化させたりすることもできます。（▲）

舌のつくりと味の伝わり方

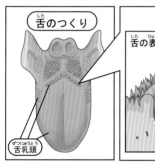

舌のつくり

舌乳頭

味の伝わり方

舌の表面を拡大すると

味らい

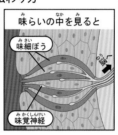

味らいの中を見ると

味細ぼう

味覚神経

【出典】
2017年2月28日号
舌のつくりと働きについて知ろう

【ファイル名】
8_karadaフォルダ
→08shita.pptx
→スライド2

　舌の表面には、「舌乳頭」と呼ばれるさまざまな大きさの赤い粒つぶがあります。（▲）食べ物の味の成分が、この赤い粒つぶの奥にある味らいに入ると、（▲）味らいの中にある味細胞が味を感じ取り、味覚神経を通じて、味の情報が脳へと伝わります。

骨は体にどれくらいあるの？

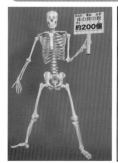

体の骨の数
約200個

子どもの骨
約300～350個

手の骨

大人の骨
約200個

手の骨

【出典】
2009年4月28日号
大小約200個もある
全身の「骨」
2019年5月8日号
"軽くてかたい"骨のつくりと働き

【ファイル名】
8_karadaフォルダ
→09hone.pptx
→スライド1

　体の骨は大小約200個あります。（▲）生まれたときは約350個ありますが、次第に骨同士がくっつき、（▲）大人になる頃には約200個になります。（▲）

骨には食事でとったカルシウムが貯蔵され、血管を通じて全身に送られて、体の成長や血を固まりやすくすることなどに使われます。（▲）また、背骨や足の骨などで体を支え、（▲）ろっ骨や頭の骨などで内臓や脳を守っています。（▲）

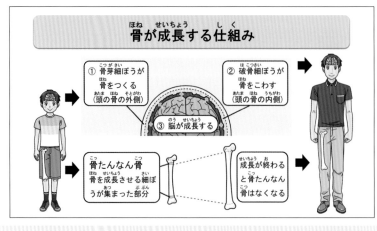

子どもから大人になる間に、（▲）頭の骨は、骨の外側で骨芽細胞が骨をつくり、内側で破骨細胞が骨を壊して幅を広げることで、脳が大きく成長します。（▲）足の骨は、「骨端軟骨」と呼ばれる、骨を成長させる細胞が集まった部分が伸びることで成長します。（▲）

骨を成長させるには、1日3食、カルシウムも含めた栄養バランスのよい食事をとりましょう。（▲）外遊びなどで日光を浴びることで、骨がカルシウムを吸収するのを助けるビタミンDがつくられます。また、運動は骨を強くし、骨を成長させる成長ホルモンの放出を促します。

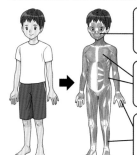

自分の意志で動かすことができる筋肉

顔の筋肉
目を閉じたり、表情をつくったりする筋肉や、食べ
物をかむときに、あごを動かす筋肉などがあります。

胸やおなかの筋肉
呼吸をするときや、はい便などでおなかに力を入れ
る（いきむ）ときに働きます。

手・足の筋肉
手と足には、それぞれ40種類以上の筋肉があり、
曲げのばしをするときなどに働きます。

【出典】
2019年9月8日号
全身にある筋肉の働き

【ファイル名】
8_karadaフォルダ
→10kinniku.pptx
→スライド1

私たちの皮膚の下には、（▲）全身にわたって、400以上の筋肉があって、体重の半分を占めて
います。その中で、体を動かす筋肉は、骨や皮膚とつながっていて、筋肉が縮んだり緩んだりす
ることで、（▲）顔やおなか、手足などを動かすことができます。（▲）

自分の意志とは関係なく動く筋肉

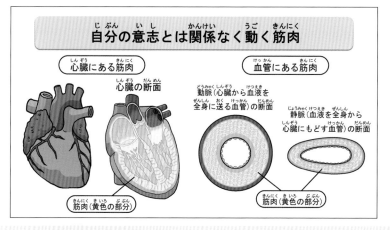

心臓にある筋肉
心臓の断面

血管にある筋肉
動脈（心臓から血液を
全身に送る血管）の断面
静脈（血液を全身から
心臓にもどす血管）の断面

筋肉（黄色の部分）
筋肉（黄色の部分）

【出典】
2019年9月8日号
全身にある筋肉の働き

【ファイル名】
8_karadaフォルダ
→10kinniku.pptx
→スライド2

心臓は筋肉でできたふくろのようなつくりになっていて、縮んだり緩んだりすることで、血液
とともに酸素や栄養が全身へと運ばれます。さらに動脈には、厚い筋肉の壁があり、心臓から送
られた血液を全身へと押し出します。（▲）

筋肉をつくるのに必要な「たんぱく質」

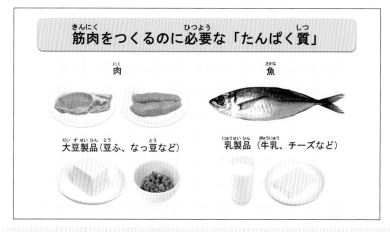

肉

魚

大豆製品（豆ふ、なっ豆など）

乳製品（牛乳、チーズなど）

【出典】
2019年9月8日号
全身にある筋肉の働き

【ファイル名】
8_karadaフォルダ
→10kinniku.pptx
→スライド3

肉や魚、大豆製品、乳製品などといった、たんぱく質が多く入った食品を含めた栄養バランス
のよい食事をとって運動をすることで、健康な筋肉がつくられます。（▲）

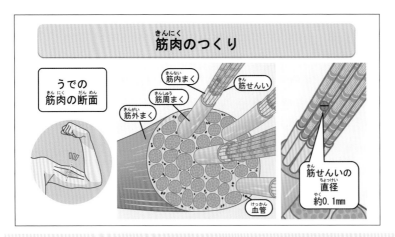

【出典】
2019年11月8日号
筋肉のつくりと「筋せんい」

【ファイル名】
8_karadaフォルダ
→10kinniku.pptx
→スライド4

　　筋肉は、「筋繊維」と呼ばれる細長いひも状の細胞が、さまざまな膜に包まれて束になったものが集まってできています。（▲）

2種類の筋せんいのちがい

速筋（白筋）

ぜんそくりょくで走る
全速力で走る

重いものを
一気に持ち上げる

ち筋（赤筋）

長時間走り続ける
（持久走）

よい姿勢を保つ

【出典】
2019年11月8日号
筋肉のつくりと「筋せんい」

【ファイル名】
8_karadaフォルダ
→10kinniku.pptx
→スライド5

　　筋肉は速筋と遅筋という、2種類の筋繊維が混ざり合ってできています。速筋は素早く縮んで、一度に大きな力を出すときに使われます。（▲）もうひとつの遅筋は、素早く縮むことはできませんが、持久力があるため、一定の力を保ち続けるときに使われます。

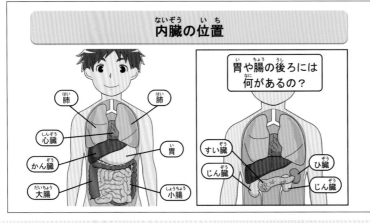

【出典】
2011年8月28日号
内臓の位置と主な働き

【ファイル名】
8_karadaフォルダ
→11naizou.pptx
→スライド1

　　私たちの体の中には、肺や心臓、胃、肝臓、小腸、大腸などの器官があり、それらを合わせて、「内臓」と呼びます。（▲）胃や腸の後ろにも、すい臓や腎臓、ひ臓などがあります。内臓では、呼吸や食べ物の消化、栄養などを血管を通じて全身に送ることと、不要なものをおしっこやうんちで外に出す働きなどを、それぞれの器官が個別に担っています。

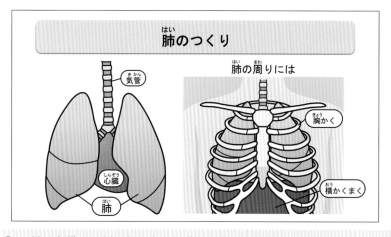

肺のつくり

肺の周りには

気管

胸かく

心臓

肺

横かくまく

【出典】
2019年12月8日号
「肺」の働きと「呼吸」
の仕組み

【ファイル名】
8_karadaフォルダ
→12hai.pptx
→スライド1

肺は心臓の両側にある大きな臓器です。鼻から吸い込まれた空気は、気管を通って肺に送られます。（▲）肺は周囲を「胸郭」と呼ばれる骨に囲まれていて、下側に「横隔膜」と呼ばれる筋肉があります。（▲）

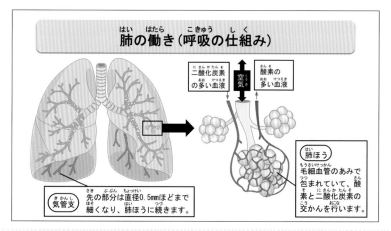

肺の働き（呼吸の仕組み）

二酸化炭素の多い血液

酸素の多い血液

空気

肺ほう
毛細血管のあみで包まれていて、酸素と二酸化炭素の交かんを行います。

気管支
先の部分は直径0.5mmほどまで細くなり、肺ほうに続きます。

【出典】
2009年9月8日号
呼吸をするのに大切
な器官「肺」

【ファイル名】
8_karadaフォルダ
→12hai.pptx
→スライド2

鼻から吸った空気中の酸素は、喉、気管を通り、左右の肺に送られ、気管支の先にある（▲）肺胞と、その周りの毛細血管との間で、酸素と二酸化炭素の交換が行われます。この酸素と二酸化炭素の交換が「呼吸」と呼ばれるものです。

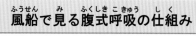

風船で見る腹式呼吸の仕組み

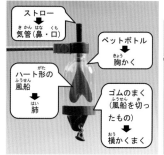

ストロー
気管（鼻・口）

ペットボトル
胸かく

ハート形の風船
肺

ゴムのまく
（風船を切ったもの）
横かくまく

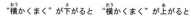

"横かくまく"が下がると　"横かくまく"が上がると

空気　空気

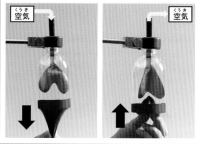

【出典】
2019年12月8日号
「肺」の働きと「呼吸」
の仕組み

【ファイル名】
8_karadaフォルダ
→13fukushiki.pptx
→スライド1

これは、ハート形の風船を肺、ゴムの膜を横隔膜に見立てて、腹式呼吸の様子がわかるようにした模型です。（▲）実際の腹式呼吸でも、吸うときに横隔膜が下がって、肺に空気を取り込み、（▲）吐くときには横隔膜が上がって、肺から空気を外に出しています。

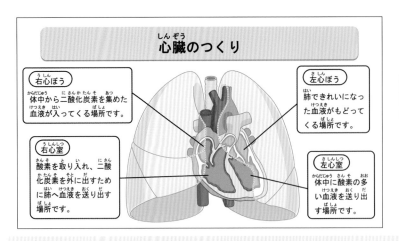

心臓はこぶし大くらいの大きさで、右心房、左心房、右心室、左心室の4つの部屋があり、体の中心を巡ってきた血液を受け入れては送り出すという働きをしています。大人の場合、1分間に約5Lの血液を送り出していて、私たちが生きていくために、休みなく動いています。

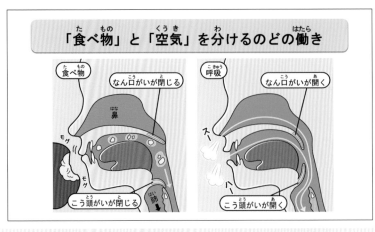

食べ物を食べるときは、口の後ろの方にある軟口蓋と喉頭蓋が閉じた状態になり、鼻と喉の間や気管をふさぎ、鼻や肺に食べ物が入るのを防ぎます。（▲）

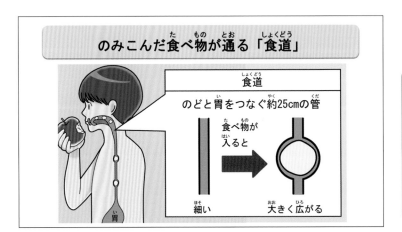

のみ込んだ食べ物は、食道を通ります。食道は約25cmの長さの管で、食べ物が通るときに大きく広がり、規則的に縮んで緩むことで、食べ物を5〜6秒で胃へと送ります。（▲）

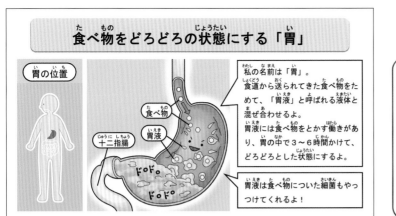

食べ物は、胃の中で出る胃液と混ざり合いながら、3〜6時間かけて消化されます（どろどろとした状態になります）。（▲）

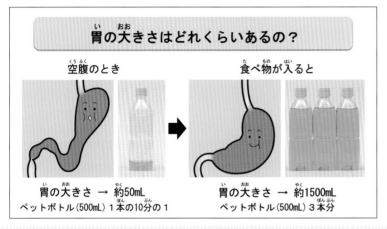

胃は袋のような臓器であり、食べ物が入ると、（▲）空腹時と比べて、30倍もの大きさに広がり、食べ物をためることができます。（▲）

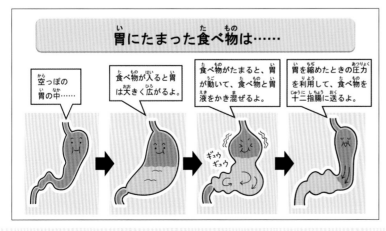

胃は筋肉でできていて、その筋肉で胃を収縮させることで、食道から送られて胃にたまった食べ物をどろどろにして、十二指腸へと送ります。（▲）

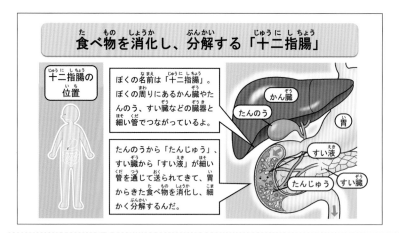

食べ物を消化し、分解する「十二指腸」

十二指腸の位置

ぼくの名前は「十二指腸」。ぼくの周りにあるかん臓やたんのう、すい臓などの臓器と細い管でつながっているよ。

たんのうから「たんじゅう」、すい臓から「すい液」が細い管を通じて送られてきて、胃からきた食べ物を消化し、細かく分解するんだ。

かん臓
たんのう
胃
すい液
たんじゅう
すい臓

【出典】
2013年9月8日号
食べ物を消化し、分解する「十二指腸」

【ファイル名】
8_karadaフォルダ
→15shoukaki.pptx
→スライド6

小腸は「十二指腸」、「空腸」、「回腸」の3つに分かれていて、十二指腸は胃の出口とつながっています。十二指腸は、指を12本分並べた長さと同じくらいの長さしかない器官ですが、その中で肝臓や胆のう、すい臓などの臓器と細長い管でつながっています。（▲）

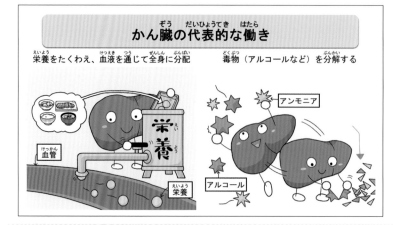

かん臓の代表的な働き

栄養をたくわえ、血液を通じて全身に分配

血管
栄養
栄養

毒物（アルコールなど）を分解する

アンモニア
アルコール

【出典】
2010年3月8日号
栄養をたくわえ、毒を分解する「かん臓」
2013年9月8日号
食べ物を消化し、分解する「十二指腸」

【ファイル名】
8_karadaフォルダ
→15shoukaki.pptx
→スライド7

肝臓は、食事でとった栄養を体が吸収できる形に変えて、栄養を蓄えたり、血液を通じて全身に分配したり、アルコールなどの毒のあるものを安全なものに分解したりします。脂肪を分解する胆汁をつくって胆のうに送る、古い血液を一部再利用するなどの働きもあります。（▲）

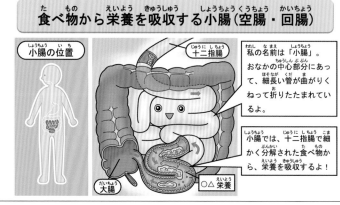

食べ物から栄養を吸収する小腸（空腸・回腸）

小腸の位置

十二指腸

私の名前は「小腸」。おなかの中心部分にあって、細長い管が曲がりくねって折りたたまれているよ。

小腸では、十二指腸で細かく分解された食べ物から、栄養を吸収するよ！

大腸
○△栄養

【出典】
2013年11月8日号
食べ物から栄養を吸収する「小腸（空腸・回腸）」

【ファイル名】
8_karadaフォルダ
→15shoukaki.pptx
→スライド8

小腸（空腸・回腸）では、十二指腸から送られた食べ物をさらに細かく分解し、糖質やたんぱく質などの栄養を吸収します。吸収された栄養は、血液によって肝臓に運ばれ、体が吸収できる形になったものが全身に送られ、体の成長や毎日の活動に役立てられます。（▲）

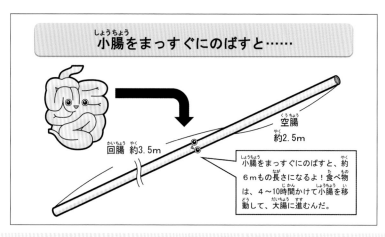

【出典】
2013年11月8日号
食べ物から栄養を吸収する「小腸（空腸・回腸）」

【ファイル名】
8_karadaフォルダ
→15shoukaki.pptx
→スライド9

　　小腸（空腸・回腸）は、細長い管が複雑に折り畳まれて、おなかに納まっていますが、（▲）まっすぐに伸ばすと約６ｍもの長さになり、食べ物は４〜10時間かけてその中を移動して、大腸に進みます。（▲）

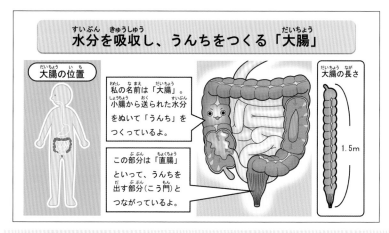

【出典】
2014年1月8日号
水分を吸収し、うんちをつくる「大腸」

【ファイル名】
8_karadaフォルダ
→15shoukaki.pptx
→スライド10

　　大腸は、約1.5mの長さがあり、小腸で栄養を吸収された食べ物から、時間をかけてゆっくりと水分などを吸収し、うんちを形づくっていきます。（▲）

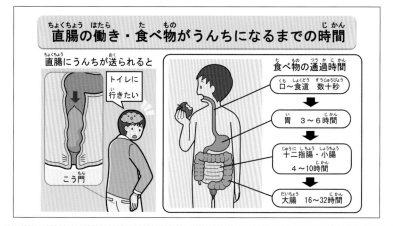

【出典】
2014年1月8日号
水分を吸収し、うんちをつくる「大腸」

【ファイル名】
8_karadaフォルダ
→15shoukaki.pptx
→スライド11

　　大腸はうんちを体の外に出す「肛門」とつながっており、直接肛門とつながる部分を直腸と呼びます。直腸にうんちが送られると、その情報が脳に伝わって、私たちは「うんちがしたい」と感じます。こうして、（▲）食べたものが１〜２日かけて、うんちになります。うんちになるまでの時間に幅があるのは、食べ物によって消化のしやすさが違うためです。

『小学保健ニュース』から生まれた
パワーポイント素材集　　DVD-ROM付き

2024年6月30日　初版第1刷発行

発行人　松本 恒

発行所　株式会社 少年写真新聞社

　　　　〒102-8232　東京都千代田区九段南3-9-14

　　　　TEL 03-3264-2624　FAX 03-5276-7785

　　　　URL https://www.schoolpress.co.jp/

印刷所　図書印刷株式会社

©Shonen Shashin Shimbunsha 2024 Printed in Japan

ISBN978-4-87981-801-0　C3037

スタッフ　編集：豊島 大蔵　DTP：木村 麻紀　校正：石井 理抄子　装丁：中村 光宏／編集長：野本 雅央

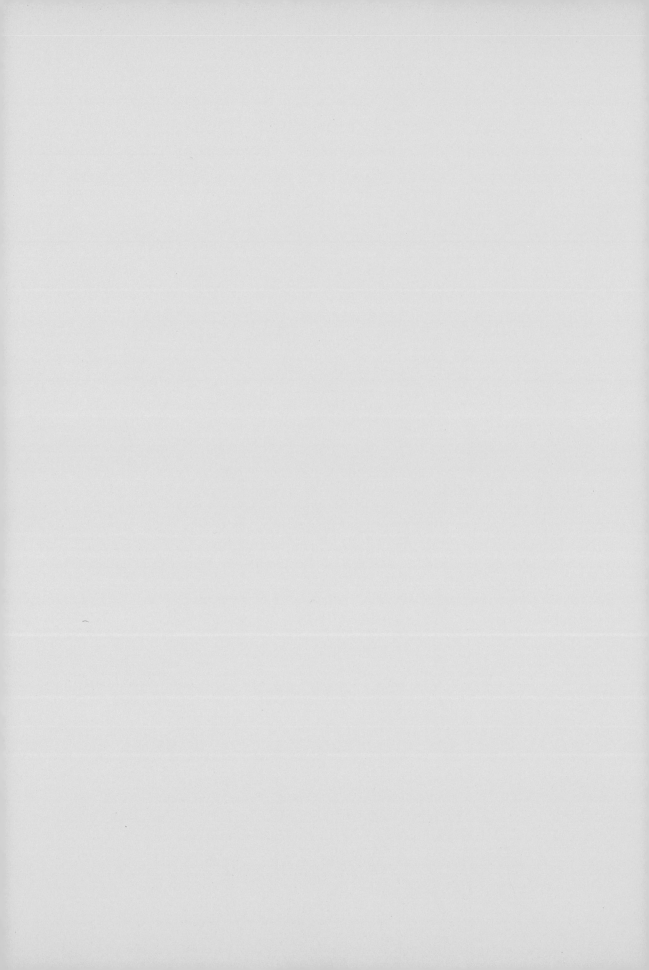